KB110323

노년에 대하여

FALLEN LEAVES

LAST WORDS ON
LIFE, LOVE, WAR, AND GOD

WILL DURANT

노년에 대하여

월 듀런트 · 김승욱 옮김

FALLEN LEAVES

LAST WORDS ON
LIFE, LOVE, WAR, AND GOD

민음사

일러두기

1 인·지명 및 고유 명사는 외래어 표기법을 따랐으며 일부 관례로 굳어진 것은 예외로 두었다.

2 본문에 사용된 문장 부호의 의미는 다음과 같다.

　『 』: 전집이나 총서 또는 단행본

　「 」: 단행본에 수록된 개별 작품 또는 음악, 미술 개별 작품

　《 》: 신문 또는 잡지

3 별표(*)는 옮긴이 주이다.

4 이 글에는 지금의 시각에서 볼 때 차별적 표현 내지는 그러한 표현으로 받아들일 수 있는 부분이 있지만, 이는 글이 집필된 시대가 안고 있던 사회적, 문화적 관습의 일면이 반영된 결과이며 당대의 사고방식과 그것의 한계를 보여 주는 표현으로서 원문의 뜻을 변경하지 않고 실었다. 독자 여러분께서 이 점을 부디 양지하여 주시기 바란다.

"요즘 『노년에 대하여』라는 책을 쓰면서 우리 시대의 다양한 작가들과 문제들에 대한 나의 느낌을 표현하고 있습니다."

— 윌 듀런트, 텔레비전 인터뷰, 1968년 1월

듀런트가 『노년에 대하여』라는 신작을 집필 중이다. "정부, 인생, 죽음, 신에 대해 내가 품은 의문들에 답하는, 그렇게 심각하지 않은 책이다."

— 《상트페테르부르크 타임스》, 1975년 11월 5일 자

듀런트 박사는 『노년에 대하여』라는 책을 기획하면서 "아마

도 에어리얼의 도움을 받아 온갖 중요한 의문들에 단순하고, 공정하고, 불완전한 답을 제시할 생각"이라고 말했다.

—《B.B.H. 인디펜던트》, 1975년 11월 6일 화요일 자

듀런트는 유럽에서 휴가를 보내며 그 시간을 이용해 "모든 것에 대한 두서없는 생각들을 모은 작은 책"이라고 스스로 묘사한 저서를 마무리할 생각이다. 그는 시간이 날 때마다 노란색 리걸 종이에 글을 쓰며, 다음 달 아내와 함께 공동 명예 학위를 받으러 고향으로 돌아가기 전에 책을 끝낼 계획을 갖고 있다. 듀런트는 "빨리 그 책을 끝내고 싶다."면서 "기운이 점점 떨어지고 있다."라고 말했다.

—《로스앤젤레스 타임스》, 1978년 5월 26일 자

바로 이것이었다. 누구도, 심지어 듀런트의 자손들조차 존재를 몰랐던 책에 대한, 화가 날 정도로 짧은 언급 네 건. 앞에 언급된 1968년의 텔레비전 인터뷰, 그리고 1970년대 중반과 후반에 나온 신문 기사 두 건은 모두 로스앤젤레스 일대의 매체를 통해 보도된 것이다. 따라서 로스앤젤레스 지역 주민이 아니라면 윌 듀런트가 이런 책을 쓸 생각을 했다는 사실조차 전혀 몰랐을 것이다. 정말이지 갑갑한 상황이다.

사람들은 이 책이 듀런트의 가장 중요한 저서일 것이라고 생

각했다. 그가 철학, 종교, 예술, 학문, 문명 연구에 바친 60여 년의 세월이 집대성된 책일 것이라고. 인류라는 종(種)의 끊이지 않는 문제들과 최고의 기쁨에 대해, 단순히 인생에 대한 책을 읽는 데서 그치지 않고 전 세계에 가장 심오한 영향을 미친 격변의 순간 중 일부(두 번의 세계대전, 대공황, 사회주의와 무정부주의의 등장, 신앙의 쇠퇴, 빅토리아 시대에서 우드스톡으로 점차 변화해 간 미국의 도덕 풍경)를 직접 겪은 사람이 오랜 숙고 끝에 내놓은 결론과 정제된 지혜가 담겨 있을 것 같았다.

월 듀런트는 1885년에 태어났다. 도시와 도시를 오가는 주요 교통수단이 말과 마차이던 시절이었다. 하지만 그가 세상을 떠난 1981년은 인간이 처음으로 달 표면을 걸은 때로부터 12년 뒤였다. 그가 목격한 변화들이 얼마나 대단한가! 인간의 행동은 또한 얼마나 흥미롭고 대개는 예측 가능한 변화 주기를 보여 주었는가! 확실히 이런 패턴들은, 특히 인류의 역사를 배경으로 바라보면, 미래 세대의 교육을 위해 널리 알릴 가치가 있을 것이다. 예를 들어, 다윈과 과학이 하느님을 천국의 옥좌에서 쓰러뜨리고 그 자리에 장폴 사르트르 같은 실존주의자의 우울한 고뇌만 놓아둔 뒤에, 신앙에 대해 우리가 무슨 말을 할 수 있었을까? 전쟁과 분쟁이 불가피한 일처럼 보이는 것은 우리의 본성 중 무엇 때문일까? 인생,

사랑, 행복의 심오한 의미는 무엇일까? 예술의 목적은 무엇일까? 과학의 목적은? 어떤 교육적 접근 방법이 최선인가? 남자는 왜 여자에게 끌리는 것(적어도 남자 한 명은 그렇다.)일까? 이 책에 듀런트만 한 관록을 지닌 사상가 겸 저술가만이 내놓을 수 있는 답변이 들어 있다. 이 책은 인생에서 의미를 찾으려 하거나, 인생이라는 여행을 하면서 박식한 친구의 자문을 얻고 싶은 사람들에게 잘 맞는, 통찰력 있는 메시지이다. 또한 영문을 알 수 없는 상황에서 원고가 사라졌다고 여겨지던 책이기도 하다.

　나는 듀런트 문헌들을 내 고향인 캐나다 온타리오주로 옮기는 작업을 시작한 뒤에야 이 원고에 대해 알게 되었다. 그것도 몇 달 동안 신문 기사 스크랩, 오래된 수필, 편지, 음성 녹음, 낡은 영화 필름, 잡지 기사, 나중에 『문명 이야기(*The Story of Civilization*)』의 소재가 된 난해한 메모 등을 열심히 파고든 덕분에 거둔 성과였다. 그 기간 동안 물론 나는 뜻밖의 일들을 알아내고 기뻐할 때가 많았다. 특히 듀런트 박사의 『역사 속의 영웅들(*Heroes of History*)』 원고와 그가 이 책을 위해 아내 에어리얼과 함께 만든 음성 녹음(원고와 음성 녹음 모두 그가 아흔세 살이 되던 해에 작성되었다.)을 발견한 일이 그랬다. 듀런트는 이 시기에 『노년에 대하여』의 작업도 어느 정도 하고 있었음이 분명하다. 하지만 감질나게 조각조각 흩어진 이 자료들을 일부 우연히 발견한 뒤에는 아무것도 나오지 않았다. '노년에 대하여'라는 제목이 담긴 쪽지 한 장 없었고, 그런 원고가 존재했다는 증거도 전혀 없었다. 듀런트가 세상을 떠난 직후 여러 원고 보관소들이 그의 문헌들을 샅샅이 뒤졌기 때문에 내가 그의 원고를 하나도 빼놓지 않고 모두 본 것이 아니라는 사실은 나도 알고 있었다. 그래서 나는 듀런트의 손녀인 모니카 미헬에게 연락해서 그 원고 보관소들과 연락할 방법이 없느냐고 물었다. 적어도 그들이 갖고 있는 듀런트 원고의 목록이라도 보고 싶었다. 연락이 닿은 보관소 중에는 협조적인 곳도 있었고, 아예 내 전화에 답을 주지 않은 곳도 있었다.

그러다가 우연히 한 문서 보관소에서 자기들이 갖고 있는 듀런트 문헌의 사본을 보냈다는 연락이 왔다. 거기에 윌과 에어리얼이 주고받은 편지와 더불어 '노년에 대하여'라는 제목이 붙은 원고가 있었다! 나는 모니카와 함께 듀런트의 자료들을 열심히 조사하는 한편, 문제의 문서 보관소에서 추가로 사본을 얻으려고 여러 번 시도했다. 가능하다면 이 보물을 소유하고 있는 사람과도 연락하고 싶었다. 하지만 우리의 노력은 수포로 돌아갔다. 문서 보관소는 자신들이 문헌을 구매한 뒤 복사한 자료를 우리에게 보낸 것 이상의 일을 해 줄 의사가 없다고 밝혔다.

그런데 모니카가 자신의 집을 팔고 이삿짐을 싸다가 '듀런트 사본'이라고 적힌 상자를 우연히 발견했다. 세상에! 그 안에는 윌과 에어리얼이 주고받은 편지가 약 2100점이나 들어 있을 뿐만 아니라(이것만으로도 매혹적이며 확실히 책으로 출판할 가치가 있었다. 실제로 듀런트 부부는 1977년에 『두 사람의 자서전(*A Dual Autobiography*)』에서 편지들 중 일부를 직접 공개했다.) 『노년에 대하여』의 여러 초고들도 들어 있었다. 잃어버렸다고 생각했던 원고를 이제 세상에 알릴 수 있게 된 것이다. 그 결과물이 바로 여러분이 지금 손에 쥐고 있는 이 책이다. 책으로 간행되지 않았던 윌 듀런트의 마지막 저서.

　　『노년에 대하여』는 어쩌면 윌 듀런트의 책 중에서 가장 개인적인 이야기가 담긴 책인지도 모른다. 듀런트는 이 책에서 인생, 정치, 종교, 사회의 주요 문제들에 대해, 정치가나 저명한 철학자 같은 다른 사람들의 의견보다는 자신의 의견을 제시한다. 적어도 한 가지 점에서는 이상적인 책인 셈이다. 이런저런 시기에 우리 자신보다 더 현명한 사람의 조언을 듣고 싶다는 생각을 해 보지 않은 사람이 누가 있겠는가? 그리고 인생의 여러 위험한 협곡들을 모두 직접 겪을 만큼 오래 살았을 뿐만 아니라 폭넓은 박식함과 거의 모든 문화 및 문명에 대한 지식으로 유명하며 인간의 행동을 더욱더 잘 이해하기 위해 온 세상을 몇 번이나 여행한 사람만큼 우리의 가장 급

박한 근심과 사회적인 문제들을 물어보기에 적합한 인물이
어디 있겠는가?

『노년에 대하여』에서 듀런트는 예나 지금이나 똑같은 통찰
력을 보여 준다. 그의 산문이 언제나 그렇듯이 읽기에 즐겁
고, 난해한 표현 속에서 기쁨을 찾는 대부분의 철학자들과는
달리 듀런트의 통찰력과 조언은 실용적일 뿐만 아니라 평범
한 사람들도 이해할 수 있을 만큼 쉽다.

듀런트 박사가 평소와 달리 직접 날짜를 적어 놓은 원고들
을 바탕으로 짐작해 보면, 그는 1967년 3월 20일에 『노년에
대하여』를 쓰기 시작했다. 『역사의 교훈(The Lessons of History)』
을 발표하기 대략 1년 전이며, 『삶의 해석(Interpretations of Life)』
의 발표 시점과 겹치는 시기다. 그리고 듀런트가 1970년대 말
까지도 신문 인터뷰에서 이 책을 언급한 것을 보면, 10년이
넘도록 이 책의 집필을 계속했던 것 같다.

듀런트가 이 책을 쓸 때 생각한 계획은 다양한 사회적, 종
교적, 정치적 이슈들에 대해 자신의 견해를 내놓은 뒤(이를 위
해 듀런트는 자신이 예전에 내놓은 덜 유명한 글 중 특정 주제를
다룬 일부 작품들을 다시 손보았으며, 그 밖의 주제들에 대해서는
완전히 새로운 글을 썼다.) 거기서 가지를 뻗어 현대(20세기) 문
학과 철학을 훑어보자는 것이었다. 그는 에어리얼 없이 이런
주제를 다루는 것을 불편하게 생각하는 기색이 역력한데도,

이 두 번째 파트*의 한 장(章)을 완성하기까지 했다. 이 시점에서 그는 아내 에어리얼을 작업에 끌어들였고, 이 책의 후반부는 아주 상세하고 무게감 있게 발전해 그 자체로서 한 권의 책이 되었다. 1970년에 '삶의 해석'이라는 제목으로 발표된 책이 그것이다. 이것은 현명한 처사였다. 인생에 대한 한 남자의 탐색과 해석이 소설가, 시인, 철학자 스물여섯 명의 다양한 저서, 작품, 개인 철학에 대한 이야기로 훌쩍 이어지는 것은 지나친 비약이 되었을 테니 말이다. 『삶의 해석』을 출간한 뒤 듀런트는 다시 『노년에 대하여』로 돌아와 1981년 11월 7일 세상을 떠날 때까지 집필을 계속했다.

　듀런트는 말년에 유난히 많은 저서를 쏟아 냈다. 『노년에 대하여』 집필을 계속하면서 또한 따로 시간을 내어 『역사 속의 영웅들』을 집필했을 뿐만 아니라, 그 글을 직접 자신의 목소리로 녹음했다. 이 음성 녹음은 그가 역사를 철학으로서 제시한 마지막 발표 중 일부가 되었다. 하지만 『노년에 대하여』는 여전히 그가 애정을 쏟는 프로젝트였다. 『문명 이야기』 시리즈에서 역사 부분을 집필하는 것은 대중과 출판사의 기대에 부응하는 일이었으므로 듀런트는 객관적인 서술을 위해 자기만의 생각과 신념을 억누르고 다른 사람들의 생각을

---

* 문학과 철학을 가리킨다.

공평하게 제시해야 했다. 하지만 사람이 중요한 문제에 대한 자신의 생각을 억누르는 데에는 한계가 있는 법이다. 듀런트 가 40년이 넘도록 자신의 생각을 억누르는 데 성공했다는 사실은 그 자체로 대단히 경이롭다. 그가 서문에서 직접 언급했듯이, 그 세월 동안 그는 "인생과 운명이라는, 시대를 초월한 문제들에 대해 나의 생각을 표현해 보라고 부추기는 호기심 많은 독자들"(강조는 인용자)에게서 편지를 받았다. 그리고 『노년에 대하여』에서 섹스와 전쟁, 인생의 여러 단계, 사람의 정신과 영혼, 인종주의 같은 중대한 사회적 이슈, 베트남에서 계속 이어지고 있는 전쟁, 복지 국가, 예술과 과학의 문제와 영광 등 몹시 다양한 주제들에 대해 자신의 의견을 쏟아 냄으로써 그들의 요구에 부응했다.

듀런트가 이 책에서 간혹 여성에 대해 가부장적인 태도를 보이는 것에 비판적인 태도를 취하는 사람도 있을 것이다. 하지만 모든 저서를 통틀어, 듀런트는 시대와 동떨어지지 않고 언제나 시대의 흐름 속에 있었음을 반드시 명심해야 한다. 바로 그 때문에 그가 『노년에 대하여』에서 밝힌 의견들이 그토록 널리 울리는 것이다. 이 책은 수천 년에 걸친 역사 속에 푹 빠진 사람의 지혜, 다른 사람들에게도 인정받은 지혜를 보여 준다. 듀런트는 자신이 전체 역사의 한 절에 지나지 않음을 언제나 인식하고 있었다.(그는 "바다를 분석하려고 시도하는 물한 방울"이라고 표현한 적이 있다.)

베트남을 다룬 장에서 한 나라의 힘, 이념, 제국주의적 야
망에 적용되는 포괄적인 역사적 통찰력을 유추해 내야 하듯
이, 독자들은 이 책 전체에서 자꾸만 드러나는 자유주의(자
유와 평등, 그리고 이 두 가치의 확산에 대한 기본적인 믿음)도
들을 줄 알아야 한다. 나는 이런 감성을 지닌 독자들은 특정
한 문장이나 문단에 유난히 집착하지 않고 책 전체의 지혜
를 온전히 즐길 수 있을 것이라고 믿는다. 듀런트가 아내 에
어리얼과 함께 쓴 작품들에 등장시킨 역사 속 인물들처럼,
듀런트 본인도 맥락화*의 혜택을 누릴 자격이 충분하고도 남
는다.

이 책은 윌 듀런트의 '사라진', 그리고 거의 알려지지 않은
마지막 원고다. 여기에는 강력한 주장들, 우아한 산문, 인간
조건에 대한 깊은 통찰이 담겨 있다. 다양한 문화, 예술, 학
문, 역사에 대한 평생의 연구에서 우러나온 이런 책을 쓸 수
있는 사람은 오로지 윌 듀런트뿐이다. 윌 듀런트처럼 퓰리처
상을 수상한 저술가의 마지막 원고를 사후 30여 년의 세월이
흐른 뒤에 발견하는 것은 확실히 역사와 철학의 팬들뿐만 아

---

* 특정한 사실을 중심으로 그 정황에 대한 관심을 넓혀 가며 다양한 배
경들 사이의 관계나 연관성을 구축하는 역사 연구 방법.

니라 눈부시고 강렬한 글을 보물처럼 귀하게 여기는 사람들에게도 커다란 사건이다. 그런 사람들은 이 책을 읽으면서 확실히 기다릴 가치가 있었다고 생각하게 될 것이다.

존 리틀(엮은이)

차례

허영은 세월과 함께 자라난다. 이제 아흔다섯 살을 바라보는 나는 지금쯤 침묵이라는 절기를 터득했어야 마땅하다. 교육 수준이 높은 모든 독자들이 온갖 의견들과 그 반대 의견들을 이미 들어 보았을 것이라는 점도 알고 있어야 마땅하다. 그런데도 나는 겁을 내면서도 무모하게 온 세상을 향해 (아니 세상의 1억분의 1을 향해) 모든 것에 대한 내 생각을 말해 보겠다고 나섰다. 내 나이에는 젊은 시절의 사고방식이나 의견이 생각에 깊이 뿌리박고 있어서 주위에서 몰아치는 세상의 변화를 이해하기가 체질적으로 불가능해지기 때문에 내가 이런 작업을 시작한 것이 더욱더 우스꽝스럽게 여겨진다. 내 나이의 사람들은 세상의 변화에서 도망쳐 과거의 버릇이나 안전한 집으로 돌아가 버리기 일쑤다.

　그렇다면 나는 왜 이 글을 써야 할까? 일단은 인생과 운명이라는, 시대를 초월한 문제들에 대해 나의 생각을 표현해 보라고 부추기는 호기심 많은 독자들의 편지를 허울 좋은 핑계로 내세운다. 하지만 사실 내가 이 글을 쓰는 가장 큰 이유는, 모든 저술가가 은근히 품고 있는 자아도취와는 별도로, 내가 계속 흥미를 가지고 추구할 수 있는 일이 이것뿐이라는 점이다. 나는 난해한 표현으로 위엄 있는 척 굴지 않고 형식에 얽매이지 않은 문장으로, 오래전『철학과 사회 문제』(1917),『철학 이야기』(1926),『변천』(1927),『철학의 저택』또는『철학의 기쁨』(1929),『삶의 의미에 대하여』(1932) 같은 책에서 무모하게 다루었던 궁극의 수수께끼들에 대해 무덤에 한 발을 들여놓은 지금의 내가 어떤 생각을 갖고 있는지 말해 볼 생각이다. 인생이 근본적으로 수수께끼라는 사실은 잘 알고 있다. 인생은 눈에 보이지 않는 원천에서 시작하여 무한히 치밀하게 발전해 나가는 강, 말하는 것은 고사하고 생각하기에도 벅찰 만큼 복잡한 "수많은 색깔의 유리 돔"과 같다.

　하지만 통합을 향한 갈증이 영원히 나를 잡아끈다. 경험과 역사라는 황야의 지도를 그리고, 과거라는 불안정한 빛으로 미래의 초점을 맞추고, 감각과 욕망의 혼돈에 의미와 목적을 부여하고, 인생이라는 웅장한 흐름이 나아가는 방향을 찾아냄으로써 어느 정도 그 흐름을 조절할 수 있게 되기를 바라는 것. 도무지 충족되지 않는 이 형이상학적인 욕구는 의문을 품을 줄 아는 인류의 고상한 측면 중 하나다. 우리가 손을 뻗어 닿을 수 있는 범위보다 우리의 이해력이 더 위대하다. 하지만 바로 그 때문에 우리의 이해력보다 손을 뻗어 닿을 수 있는 범위가 더 위대해진다.

그러니 아무리 헛되더라도 인간의 존재를 전체적인 시각에서 바라보려고 애써 보자. 우리가 우리 의사와 상관없이 세상에 내던져지는 순간부터, 우리가 묶여 있는 운명의 수레바퀴가 완전히 한 바퀴를 돌아 죽음에 이르는 순간까지. 그리고 인생의 여러 단계, 그러니까 유년기, 청소년기, 성인기, 노년기를 통과하면서 형이상학, 윤리학, 정치학, 종교, 예술의 중요한 철학적 문제를 마주 바라보고 함께 걸으며 지적인 세계를 한 바퀴 돌아보자. 그러다 보면 필연적으로 피상적이고 진부한 것만 건드리며 실수를 저지르게 되겠지만, 한편으로는 우리의 복잡한 삶이 지닌 가치와 의미, 그리고 진실이라는 총체적인 시야에 조금이라도 더 가까이 다가갈 수 있을지 모른다.

새로운 철학 시스템이나 세상을 뒤흔들 생각은 기대하지 말기 바란다. 이 책은 인간적인 고백이지 신의 계시가 아닌

까닭이다. 이 책에 실은 마이크로 수필 또는 미니 수필들은 주제만 근사할 뿐 깊이나 규모가 엄청난 것은 아니다. 여러분이 혹시 여기서 독창적인 면모를 발견하더라도 그것은 내가 의도한 바가 아니며, 나는 오히려 그것을 후회할 가능성이 높다. 지식은 자란다. 하지만 지혜는 비록 세월을 따라 더 나아질 수 있다 해도 세기와 함께 진보하지는 않는다. 그러니 내가 솔로몬을 가르칠 수는 없다.

용감한 독자들이여, 나는 이미 충분히 경고했다. 이 책을 읽는 데는 위험이 따른다고. 그래도 여러분이 나의 길동무가 되어 준다면 기쁠 것이다.

1

우리 인생의 시작

> 나름의 고집을 지닌 어린아이들이 재잘대며 흘러 들어온다,
> 나의 달궈진 신경과 몸 위로 잔물결을 일으키며 흐르는 반가
> 운 물처럼.
>
> — 월트 휘트먼, 「말다툼 이후에」

우리가 아이들을 좋아하는 것은 무엇보다도 그들이 우리
것이기 때문이다. 우리의 관능적이고 유례없는 자아의 연장.
하지만 우리가 아이들을 좋아하는 것은 그들이 바로 우리가
되고 싶지만 될 수 없는 존재이기 때문이기도 하다. 단순하고
통일된 행동을 자연스레 할 수 있는, 신체가 잘 조화된 생물.
철학자들이 그런 행동을 하려면 내적인 투쟁과 억압을 반드
시 거쳐야 한다. 우리가 아이들을 좋아하는 것은 이른바 이
기심 때문이다. 여기서 이기심이란, 본능을 위장하지 않고 자
연스럽고 솔직하게 드러내는 것을 말한다. 우리는 위선이 없
는 아이들의 솔직함을 좋아한다. 아이들이 속으로 우리의 소

멸을 갈망하며 겉으로만 미소 짓는 일은 없다. Kinder und Narren sprechen die Wahrheit, 즉 "어린이와 바보가 진실을 말한다." 그들은 또한 자신의 진정성 안에서 행복을 찾는다.

갓난아기를 보라. 더럽지만 경이롭고, 실질적인 모습은 우스꽝스럽지만 가능성은 무한하며, 궁극의 기적인 성장이 가능한 존재다. 시끄러운 소리를 내며 아픔을 호소하는 이 괴상한 천 꾸러미가 언젠가 사랑, 불안, 기도, 고생, 창조, 형이상학, 죽음을 알게 될 것이라고 상상할 수 있는가? 아기가 운다. 지금까지 오랫동안 조용하고 따뜻한 어머니의 자궁 안에서 잠들어 있었는데 갑자기 호흡을 강요당하고 있기 때문이다. 호흡은 고통스럽다. 억지로 볼 수밖에 없는 빛도 눈을 찔러 대고, 억지로 들을 수밖에 없는 소리도 무서울 뿐이다. 냉기가 피부를 강타하고, 아기는 온통 고통뿐인 것 같다. 하지만 그렇지 않다. 태어나자마자 맞닥뜨리는 이 세상의 폭격에 맞서서 자연은 아기에게 전체적인 둔감함이라는 옷을 입혀 아기를 보호해 준다. 아기의 눈에는 빛이 희미하게 보일 뿐이다. 소리도 뭔가에 막힌 듯 작고 멀게 들린다. 그리고 아기는 대부분의 시간을 잠으로 보낸다. 엄마는 아기를 '작은 원숭이'라고 부르는데, 맞는 말이다. 걸을 수 있게 될 때까지 아기는 원숭이와 다름없을 것이다. 심지어 두 발로 걷는 생물의 단계에도 미치지 못한다. 자궁에서 생활하는 동안 아기의 우스퐁스럽고 작은 다리가 개구리처럼 무한히 유연해졌기 때문이다. 아기는 말문이 트인 뒤에야 비로소 원숭이 상태를 벗어나 인간이라는 고지를 향해 위태롭게 기어오르기 시작할 것이다.

잘 관찰해 보라. 그러면 아기가 무계획적인 탐험을 통해 사물의 본질을 조금씩 배워 나가는 모습이 보일 것이다. 아기에게 세상은 수수께끼다. 사물을 움켜쥐고 깨물고 집어던지는 우발적인 반응은 아메바의 위족과 같다. 아기가 위험한 경험을 향해 가짜 다리를 내미는 것이다. 호기심이 아기를 집어삼키고 아기를 발전시킨다. 아기는 딸랑이부터 달까지 모든 것을 만져 보고 맛볼 것이다. 그 나머지는 흉내를 통해 배우지만, 부모는 자기들의 설교가 아이에게 교훈이 되는 줄 안다. 부모는 아기에게 상냥함을 가르치면서 자기는 아이를 때린다. 고운 말을 쓰라면서 자기는 아이에게 고함을 지른다. 황금 보기를 돌같이 하라고 가르치면서 자기는 아이 앞에서 수익 배분을 놓고 다툰다. 정직하라고 가르치면서 자기는 아이의 심오한 질문들에 거짓으로 답한다. 아이들은 흉내를 통해 우리의 진정한 모습을 보여 줌으로써 우리를 성장시킨다.

아이는 철학의 시작이자 끝인지도 모른다. 아이의 끈질긴 호기심과 성장 속에 모든 형이상학의 비밀이 숨어 있다. 요람에 누워 있는 아기나 바닥을 기어가는 아기를 볼 때 우리 눈에 보이는 인생은 추상적인 것이 아니라 우리가 기계적으로 분류한 모든 범주들, 모든 물리적 공식들을 부수며 물 흐르듯이 흘러가는 현실이다. 이 포괄적인 다급함 속에, 이 끈질긴 노력과 발전 속에, 손으로 기던 존재가 두 발로 일어나고 무기력한 존재가 힘을 얻고 아기가 성숙해지고 경이를 지혜로 바꾸는 그 단호한 변화 속에, 스펜서의 '불가지', 칸트의 '물 자체', 스콜라 학파의 '최고의 실재적 존재', 아리스토텔레스의 '시동자',* 플라톤의 To ontos on, 즉 '실제로 존재하는 것'이 있다. 여기서 우리는 물질의 길이와 폭과 두께와 무게와 단단함 속에서보다, 기계의 톱니와 도르래와 바퀴와 레버 안에서보다 사물의 기초에 더 가까이 있다. 인생이란 불만스러운 것, 투쟁하고 추구하는 것, 고통받고 창조하는 것이다. 그 어떤 기계론이나 유물론도 인생을 제대로 표현하거나, 나무의 소리 없는 성장과 장엄함을 이해하거나, 아이들의 갈망과 웃음을 이해할 수 없다.

유년기는 놀이의 시절이라고 정의해도 될 것이다. 따라서 어떤 아이들은 결코 어리지 않고, 어떤 어른들은 결코 나이를 먹지 않는다.

---

* 다른 것들을 운동시키는 제일의 원인.

2

청춘에 대하여

청춘이란 놀이에서 일로, 가족에게 의존하던 생활에서 자신만을 의지해야 하는 생활로 옮겨 가는 시기다. 조금 무정부적이고 이기적인 시기이기도 한데, 가족에게 의지할 때는 무한한 부모님의 사랑이 아이의 변덕과 욕구를 모두 들어주었기 때문이다. 오랫동안 귀여움을 받다가 난생처음 자유를 맛보며 세상으로 나아간 청년은 자유의 기쁨을 깊이 들이마시며 세상을 정복해 뜻대로 바꿔 보려 한다.

데모스테네스는 좋은 웅변의 특징을 세 가지로 꼽았다. 행동, 행동, 그리고 행동. 이 말을 청춘에 그대로 대입해도 될 것이다. 청년은 신과 마찬가지로 자신감이 넘치고 앞날을 생각하지 않는다. 그들은 짜릿함과 모험을 먹는 것보다 더 사랑한다. 최상급의 찬사, 과장된 것, 무한한 것을 사랑한다. 무한한 에너지를 지니고 있어서 그 힘을 빨리 풀어놓고 싶어 안달하기 때문이다. 청년은 새로운 것, 위험한 것을 사랑한다. 사람의 나이는 그가 무릅쓰는 위험이 얼마나 되느냐에 따라 결정된다.

청년은 법과 질서를 마지못해 참아 낸다. 소음은 청년들에게 필수적인 매체인데도 사람들은 그들에게 조용히 하라고 말한다. 청년들은 행동을 갈망하는데도 사람들은 그들에게 수동적으로 가만히 있으라고 말한다. 청년의 피가 '지속적인 도취 상태'를 만들어 내는데도 사람들은 그들에게 정신을 바짝 차리고 사리분별을 잃지 말라고 말한다. 청춘은 방종의 시기이며, 청춘의 모토는 분명히 Panta agan, 즉 '모든 것이 과잉'이다. 청년은 결코 피곤해지지 않고, 현재를 살며, 어제를 후회하지 않고, 내일을 두려워하지 않는다. 정상의 뒤편이 감취져 있는 산을 기운차게 오른다. 청춘은 날카로운 감각과 식지 않는 욕망의 시기이기도 하다. 경험이 충분하지 않아 아직은 진부함과 환멸에 물들지 않았으며, 뭔가 감각을 느낀다는 것 자체가 달콤하고 찬란하다. 모든 순간이 그 자체로서 사랑스러우며, 세상은 미학적인 장관으로, 흡수하고 즐겨야 하는 것으로, 시를 바치고 별들에게 감사해야 할 것으로 받아들여진다.

본능이 자유로이 뛰노는 것이 곧 행복이고, 청춘도 마찬가지다. 대다수 사람들에게 청춘은 진실로 살아 있는 유일한 시기다. 마흔 살이 되면 대부분의 사람들은 과거의 기억에 불과하다. 한때 불꽃이었던 것의 타고 남은 재일 뿐이다. 인생의 비극은, 삶이 청춘을 훔쳐 간 뒤에야 비로소 우리에게 지혜를 준다는 점이다. Si jeunesse savait, et vieillesse pouvait! 즉 '젊음에 지혜가 있다면, 늙어서도 행동할 수 있다면!'

건강은 행동 속에 있기 때문에 청춘이 아름답다. 바삐 움직이는 것이 우아함의 비결이며, 만족감의 비결 중 절반이다. 신들에게 부자가 되게 해 달라고 빌지 말고, 할 일을 달라고 빌자. 행복은 소비에 있는 것이 아니라, 뭔가를 만들어 내는 데 있으니까. 헨리 데이비드 소로는 유토피아에서는 각자가 자기 집을 직접 지을 것이라고 말했다. 그러고 나면 사람들의 가슴에 노래가 돌아올 것이라고. 새들이 둥지를 짓고 노래를 부르는 것처럼 말이다. 집을 직접 지을 수 없다면 하다못해 걷고 던지고 달리는 운동을 할 수는 있다. 경기를 하는 대신 가만히 구경만 할 만큼 늙어 버리는 것은 절대 안 될 일이다. '함께 경기합시다.'는 '함께 기도합시다.'만큼이나 좋은 말이며, 그 결과는 더욱 확실하다.

따라서 교실보다 운동장을 더 좋아하는 청년, 철학보다 야구를 높이 치는 청년이 현명하다. 오래전 안경을 쓴 중국인 학생이 미국 대학들을 "몸이 약한 사람들에게 공부할 기회가 제공되는 체육 단체"라고 묘사한 적이 있다. 그는 파괴적인 의미로 한 말이었지만 실제로는 그렇지 않았다. 또한 이 말은 미국 대학뿐만 아니라 그 자신을 묘사하는 말이기도 했다. 모든 철학자는 플라톤처럼 운동을 잘해야 한다. 그러지 않은 사람의 철학은 일단 의심하고 봐야 한다.

니체는 "신사의 첫 번째 요건은 완벽한 동물이 되는 것"이라고 말했다. 이 기초 위에 교육이라는 집을 지어야 한다. 몸을 돌보는 가르침과 머리를 위한 지식이 동등해야 한다. 무시당하는 사랑의 아픔과 진실의 쓰라림은 공기 좋은 곳에서 자고 햇빛 아래에서 운동한 튼튼하고 강인한 몸을 오랫동안 괴롭히지 못한다.

그러는 한편 청년들은 글을 배우고(우리가 학교에서 배우는 모든 것이다.) 어쩌면 나중에 알아야 할 필요가 있을지도 모르는 것들을 어디에서 어떻게 찾으면 되는지 배운다.(이것이 대학에서 획득하는 최고의 기술이다.) 책에서 배운 것은 아무런 가치가 없다. 실생활 속에서 그 지식을 사용해 확인한 뒤에야 비로소 그 지식이 행동과 욕망에 영향을 미치기 시작한다. 인생 그 자체가, 어쩌면 특히 사랑이, 바로 교육이다.

청춘기에 사춘기가 오고, 그와 함께 생각의 기원인 자의식이 생긴다. 그러면 소년은 무의식적인 행동의 신속함과 통일성을 잃어버리고, 생각이 그에게 창백한 그림자를 드리운다. 소녀는 자신을 더욱더 공들여 꾸미고, 더욱 예술적으로 헝클어진 머리를 연출한다. 하루에 열 시간씩 옷을 생각하고, 하루에 100번씩 무릎 위로 치맛자락을 끌어내린다. 귀엽지만 쓸모없는 행동이다. 소년은 목을 깨끗이 씻고 구두에 광을 내기 시작한다. 그가 버는 돈의 절반은 여자에게, 나머지 절반은 양복점에 간다. 소녀는 얼굴을 붉히는 기술을 터득하고, 청년은 미인 앞에서 "마치 다리를 훔쳐 온 사람처럼" 걷는다. 지적인 발달은 성(性)에 대한 의식의 성장과 더불어 한 걸음씩 나아간다. 본능이 생각에 자리를 내어 주고, 행동은 조용한 숙고로 변한다. 시와 상상력이 꽃을 피우고, 수많은 공상과 웅대한 포부가 영혼을 가득 채우며 흘러넘친다.

청춘은 자신을 살펴보면서 동시에 세상을 살핀다. 세상의 의미를 파악하기 위해 의문과 이론이라는 이름의 촉수를 수없이 뻗는다. 악에 대해서, 기원에 대해서, 진화에 대해서, 운명에 대해서, 영혼에 대해서, 신에 대해서 의문을 품는 것은 피할 수 없는 일이다. 이 시기에 종교적인 '개종'이 이루어질수도 있고, 종교를 의심하게 될 수도 있다. 종교가 새로운 사랑의 충동에 스스로 가서 달라붙으면 힘이 강해진다. 아니면 종교가 영혼 속에서 점점 폭을 넓히는 욕망이라는 개울에 맞서 싸워 적대감을 깨우는 경우도 있다. 이렇게 적의를 품은 사람은 복수심에 차서 무신론적인 폭언을 한동안 퍼부을 것이다.

청춘이 철학을 발견하고 논리의 한판 승부로 바꿔 놓는 것도 이 무렵이다. 그의 가슴이 힘을 다해 노래와 춤으로 꽃을 피우고, 흘러넘치는 욕망이 미학적인 감각에 자양분이 된다. 이렇게 음악과 예술이 태어난다. 청춘은 세상을 발견하면서 악(惡)도 함께 발견하며, 인류라는 종의 본성을 알아차리고 경악한다. 식구들 사이에서는 서로 돕는 것이 원칙이었다. 하지만 사회에서는 경쟁, 생존을 위한 투쟁, 약자의 제거와 강자의 생존이 원칙이다. 충격을 받은 청춘은 반발하며 온 세상이 가족과 집처럼 변해, 청년들을 반겨 주고 보호해 주고 동무가 되어 줄 것을 요구한다. 사회주의의 시대가 도래한 것이다. 그러다가 서서히 청년들은 개인주의적 삶이라는 도박에 끌린다. 이 게임의 묘미가 핏속으로 스며들고, 욕심이 깨어나 황금과 권력을 향해 양손을 뻗는다. 반란은 끝나고 게임은 계속된다.

마지막으로 청춘은 사랑을 발견한다. 육체와 영혼의 교향곡에 앞선 천상의 서곡인 '풋사랑'은 이미 알고 있었다. 조숙하고 미숙한 욕망의 고독한 몸부림에 대해서도 알고 있다. 하지만 이런 것들은 영혼의 깊이를 더해 주고, 자신조차 버린 채 상대를 숭배할 수 있게 해 주는 예비 단계일 뿐이다.

사랑에 빠진 소년과 소녀를 보라. 이렇게 훌륭하고 찬란한 것에 맞먹을 사악함이 이 세상에 존재하는가? 소녀가 갑자기 조용해져서 생각에 잠긴다. 그녀의 몸속에서 생명의 물결이 일어나 의식적인 창조의 수준에 이르렀기 때문이다. 청춘은 열렬해서 잠시도 가만히 있지 못하지만, 또한 정중하게 모든 예의를 지킨다. 구애라는 사치를 알고, 피의 굶주림으로 인해 타오르면서도 놀라울 정도의 부드러움과 충실함에 이르는 불꽃 또한 알고 있기 때문이다. 여기서 오랜 세월에 걸친 문명과 문화가 완성된다. 생각의 승리나 권력의 승리보다 바로 이 낭만적 사랑 속에서 인류는 가장 높은 곳까지 손을 뻗을 수 있다.

우리가 젊었을 때 사람들은 로맨스에게 붙들려 헌신을 맹세하며 결혼했다. 하지만 지금은 위태롭고 복잡한 생활로 인해 사랑할 수 있는 나이를 넘어 점점 더 늦게까지 결혼을 미룬다. 욕망이 솟아나는 나이, 그리고 경제적으로 자신의 자리를 마련해서 결혼의 기반을 만들 수 있는 나이 사이의 세월이 점점 길어지는 지금 청춘이 무엇을 할 수 있을까? 그들은 누가 감히 결혼할 수 있느냐고 답할 것이다. 하지만 지금 이야말로 우리가 용감하게 이 문제를 정면으로 바라보고, 문명이 조혼을 되살리든지 아니면 사랑을 버려야 한다는 점을 이해해야 하지 않을까?

청춘의 '부도덕성'을 비난하면서도 경제적인 이유로 결혼이 미뤄지는 현실을 한가로이 바라보기만 함으로써 성적인 문란함을 부추겨 사랑이 곧 생명인 섹스를 부자연스럽게 만드는 사람은 위선자이거나 바보다. 욕망은 도덕적인 금기로 그토록 불합리하게 막아 두기에는 지나치게 강력하다. 또한 욕망의 힘은 세대를 거듭할수록 강해지는데, 이는 각 세대가 활기와 정력이 강한 사람들의 후손이기 때문이다. 이제 곧 생명의 흐름이 우리의 위선을 홍수처럼 뚫고 나아가, 우리가 눈을 꾹 감고 있는 동안 우리를 위해 새로운 길과 도덕을 만들어 줄 것이다.

어쩌면 황금에서 황량한 안정을 찾으려 하는 겁쟁이들 때문에 우리가 우리 문명에서 가장 귀한 것(여자를 향한 남자의 충실한 사랑)을 팔아넘겨 버렸음을 너무 늦게 알아차릴지도 모른다. 현명한 청춘이라면 그 무엇보다 사랑을 귀하게 여겨 다가올 사랑을 위해 제 몸과 영혼을 깨끗이 간수하고, 몇 달에 걸친 약혼으로 사랑의 나날을 길게 연장하고, 엄숙한 결혼 의식으로 사랑을 확인하고, 모든 것이 사랑에 단호히 종속되게 할 것이다. 젊지만 현명한 사람은 사랑을 귀하게 여기고, 헌신으로 사랑을 키우고, 희생으로 사랑의 깊이를 더하고, 부모가 됨으로써 사랑에 활기를 주고, 마지막까지 모든 것이 사랑에 종속되게 할 것이다. 우리가 사랑을 위해 봉사하느라 기진맥진하고 사랑이 비극으로 우리를 압도하더라도, 이별로 인해 우리가 무너지더라도, 언제나 사랑을 첫 번째로 두어라. 우리가 사랑을 위해 지불하는 대가가 아무리 크다한들 그것이 중요하겠는가?

3

중년에 대하여

결혼하면 청춘이 끝난다. 결혼한 남자는 그다음 날 이미 다섯 살쯤 더 나이를 먹고, 여자도 마찬가지다. 생물학적으로 중년은 결혼과 함께 시작된다. 아무 걱정 없는 놀이의 자리에 일과 책임이 들어서고, 열정이 사회 질서의 제한 앞에 무릎을 꿇고, 시(詩)가 산문에 자리를 내주기 때문이다. 이 변화는 관습과 풍토에 따라 다양하게 나타난다. 현대 도시에서는 결혼 연령이 늦기 때문에 청춘기가 길어진다. 하지만 남쪽과 동쪽에 사는 민족들은 청춘이 한창 절정에 이르렀을 때, 부모가 될 수 있는 능력이 갖춰진 직후에 결혼한다.

G. 스탠리 홀은 이렇게 말했다. "열세 살에 기혼자의 기

능을 수행하는 젊은 동양인들은 서른 살에 기운이 다 빠져서 최음제에 의지한다. (……) 기후가 더운 곳의 여자들은 대개 서른 살에 늙어 버린다. 대체로 늦게 성숙하는 사람이 늙는 속도도 늦을 가능성이 높다." 혹시 우리가 경제적으로 성숙할 때까지 성적인 성숙을 미룰 수 있다면, 청소년기와 교육 기간을 길게 늘려서 과거에는 결코 도달할 수 없었던 수준까지 문명을 끌어올릴 것이다.

우리의 생애 중 각각의 시기에는 저마다 장점과 단점이, 해야 할 일과 즐거운 일이 있다. 아리스토텔레스가 중용에서 탁월함과 지혜를 찾아냈듯이, 청춘기와 성숙기와 노년의 특징들을 모아 보면 인생의 중요한 시기들을 공정하게 살필 수 있을지도 모른다. 다음은 그 예다.

청춘	중년	노년
본능	귀납	연역
혁신	습관	관습
발명	실행	차단
놀이	일	휴식
예술	학문	종교
상상력	지성	기억
이론	지식	지혜

낙관주의	세계 개선론	비관주의
급진주의	자유주의	보수주의
미래 지향	현재 지향	과거 지향
용기	신중함	소심함
자유	규율	권위
동요	안정	정체

진부하고 뻔한 항목들로 이런 목록을 한없이 길게 만들 수도 있다. 그리고 중년은 여기에서 적어도 자신이 성취와 확립의 시기를 살고 있다는 위안을 얻을 수 있다. 청춘의 흥분과 열정의 대가로 인생은 안정에 대한 자부심과 차분함과 힘, 이제는 단순히 뭔가를 바라기만 하는 것이 아니라 실제로 성취한다는 감각을 준다.

서른다섯 살의 남자는 인생의 절정기에 있다. 젊었을 때의 열정도 아직 충분히 남아 있고, 과거보다 넓어진 경험의 폭과 더 성숙한 이해력 덕분에 그 열정을 다스리는 것도 가능하다. 어쩌면 성적인 주기와 조금 비슷한 것인지도 모르겠다. 성적인 주기는 사춘기와 갱년기의 중간 지점인 약 서른두 살에 절정에 이른다.

우리가 경제적으로 자리를 잡으면 청춘기의 반항심도 잦아든다. 발이 땅에 닿아 있는 사람은 지진을 싫어하는 법이다. 이제 우리는 부드러운 자유주의 속에서 과거의 급진주의를 잊는다. 은행 계좌를 생각하는 마음 때문에 급진주의의 기세가 한풀 꺾인 것이 바로 부드러운 자유주의다. 마흔 살이 넘으면 우리는 세상이 가만히 있는 편을, 움직이는 그림 같던 인생이 정지 화면으로 멈춰 서는 편을 선호하게 된다. 중년에 보수주의 성향이 증가하는 데에 부분적으로는 지혜가 영향을 미치기는 한다. 이제 제도의 복잡성과 욕망의 불완전성을 인식하게 되었기 때문이다. 하지만 기운이 떨어진 것 또한 부분적으로 영향을 미친다. 우리는 우리 안의 힘을 끌어다 쓰고 난 뒤 그 힘이 다시 저절로 차오르지 않게 되었음을 깨닫고 처음에는 경악하고 그다음에는 절망한다.

이 깨달음으로 인해 몇 년 동안 삶이 어두워진다. 인생이 짧은 것을 점점 한탄하며, 이렇게 한정된 세월 동안 지혜를 얻거나 뭔가를 성취하기가 불가능할 것 같다고 생각한다. 우리는 산 정상에 서 있기 때문에 눈에 힘을 주지 않아도 저 아래 바닥에 놓여 있는 죽음을 볼 수 있다. 그래서 죽음이 우리를 기다리고 있음을 잊으려고 더욱더 열심히 일하고, 죽음의 존재로 인해 삶이 어두워지기 전의 기억을 향해 눈을 돌리고, 젊은이들과 함께하는 시간에 빠져든다. 유한한 삶에 개의치 않는 그들의 신묘한 그림자가 일시적이고 불완전하게나마 우리에게도 드리워지기 때문이다. 따라서 중년은 일과 부모 노릇에서 성취감과 행복을 찾는다.

회사원의 일상은 곧 중년의 모습이다. 그들은 신문을 읽으며 아침 식사를 하고, 아내와 아이들에게 서둘러 입을 맞춘 뒤 집을 나서서 서둘러 역으로 간다. 그리고 플랫폼에서 자기와 똑같은 사람들과 날씨에 관해 가벼운 이야기를 나누고, 신문을 읽고, 맨해튼 남쪽의 과일 가게들과 쓰레기 사이를 위태롭게 걷는다. 그는 지하철의 엄청난 진동에 시달리며 직장으로 가는 동안 물에 빠진 사람처럼 손잡이에 매달리고, 직장에 도착한 뒤에는 자신이 뭔가 중요한 사람이라도 된 것 같은 기분이 잦아든다. 그는 중대한 결정을 내리는 사람이 아니라, 주로 잠이 올 것처럼 지루하고 세세한 일들을 날마다 반복하는 사람이다. 그는 맡은 일을 성실하게 꾸준히 하면서 자신을 집에 가지 못하게 붙들어 두는 시계를 갈망 어린 눈으로 바라본다. 가족과 함께 보내는 저녁 시간이 얼마나 즐거울지 기대가 된다. 오후 5시가 되면 그는 다시 가사 상태에서 지하철을 타고, 자신과 똑같은 사람들과 술기운이 섞인 대담한 말들을 주고받는다. 매일 일어나는 국가적인 비극을 곰곰이 생각할 때는 철학자처럼 품위 있는 모습이 되기도 한다. 저녁 6시에 집에 도착한 그는 8시가 되면 왜 그리 서둘러서 집에 왔는지 모르겠다고 생각한다.

이때쯤이면 그는 이미 사랑을 깊은 곳까지 탐험해 보았고,

그 부드러운 가면 뒤에 숨어 있는 전쟁의 기운도 알아차린 뒤다. 친숙함과 피로가 몸의 열을 식혀 주었다. 아내는 더 이상 그를 위해 옷을 차려입지 않는다. 이제 그는 그녀의 마음에서 멀어진 사람이므로, 그가 볼 수 있는 것은 아내의 부스스한 실내복 차림뿐이다. 반면 그가 종일 만나는 여자들은 얼굴에 화장을 하고 멋진 옷을 입고 머리도 구불구불하게 다듬었다. 그들의 매력적인 무릎과 유혹적인 옷, 부추기는 듯한 미소와 최음제 같은 향수 때문에 그는 매 시간 부정(不貞)의 심연 근처를 어른거린다. 그래도 그는 아내를 사랑하려고 열심히 애쓰면서 매일 두 번씩 규칙적으로 재빨리 입을 맞춘다. 그는 한두 번 탈선을 해 보지만 간통이 무미건조한 일임을 알아차리고는 아내에게 들키지 않았음을 하느님께 감사하고 단조로운 생활을 받아들이기로 한다. 그리고 남은 생애 동안 그는 집 앞 잔디를 깎고, 카드놀이를 하고, 골프를 치고, 지역 정치에 아마추어처럼 손을 담근다. 하지만 정치에 대한 관심은 금방 시들해진다. 결국 그는 『캉디드』*에 나오는 말이 무엇보다 현명하다는 결론을 내린다. "자기 정원은 반드시 자기가 가꿔야 한다." 그는 감자를 심고, 그럭저럭 평화를 얻는다.

---

* 볼테르의 소설.

그동안 그의 아내도 인생에 대해 조금 배운 바가 있다. 낭만적인 시절에 그녀는 여신이었다. 그런데 어느 날 갑자기 정신을 차리고 보니 부엌데기가 되어 있다. 기운이 빠지는 깨달음이다. 그러니 그녀가 자신을 하녀의 경제적인 대용품으로나 보는 남자를 위해 계속 열심히 옷을 차려입고 화장을 할 이유가 없지 않은가? 아니면 요리도 청소도 하지 않는 방법도 있다. 이런 일들을 포함한 다른 많은 일을 남에게 시키고, 자신은 종일 아무 일도 하지 않은 채 자유롭고 좋은 모습을 유지하는 삶을 택하는 것이다. 오전에는 몸단장으로 시간을 보내고, 오후에는 프롤레타리아 개혁에 시간을 쏟는다. 위생과 모성에 대한 책을 읽고, 가난한 엄마들에게 아기 키우는 법을 알려 준다. 삶에 지친 여자들이 배우고 싶은 것은 임신을 막는 방법뿐인데 말이다. 하지만 한가로운 삶을 사는 여자는 평생교육 강의를 듣고, 동아리를 꾸리고, 행상인처럼 재주를 파는 소설가들과 철학자들의 말에 낭만적인 인내심으로 귀를 기울인다.

그러다 갑자기 어찌 된 영문인지 엄마가 된다. 여자는 기쁜 동시에 두렵다. 어쩌면 아이를 낳다가 죽을지도 모르는 일이다. 건전한 활동을 할 기회가 있었다면 몸이 임신을 끝까지 겪어 내기에 적합해졌을 텐데. 하지만 자랑스럽기도 하다. 마치 자신이 새로이 성숙해진 것 같다. 이제 그녀는 한가로운 아가씨가 아니라 여자가 되었다. 집 안의 장식물이나 성적으로 편리한 대상도 아니다. 그녀는 임신이라는 시련을 용감하게 겪어 낸다. 그러다 태어난 아기를 보고는 잠시 눈물지은 뒤, 어디서도 찾아볼 수 없는 아이의 아름다움에 경탄한다. 그녀는 기꺼이 아기의 노예가 되어 분주한 낮을 보내고 밤에는 토막 잠을 잔다. '행복'을 찾아 헤맬 시간이 전혀 없는데도 그녀의 눈은 기쁨으로 전에 없이 빛난다. 아기의 아버지 또한 전에 없이 부드러운 눈빛이다. 그 부드러운 손길, 이례적으로 진심 어린 포옹, 기꺼이 아기를 위하고 보호하기 위해 열심히 노력하는 태도라니. 어쩌면 우리가 결코 생각하지 못하던 장소인 아기 안에 바로 삶의 중심, 만족감의 비결이 있는지도 모른다.

4

노년에 대하여

사람은 정점에 있을 때 죽어야 하는데 그러지 못한다. 따라서 청춘과 죽음이 길을 걷다가 서로 마주치는 일이 벌어진다. 오래전 콜럼비아 대학에서 한 학생이 도서관 서가 사이를 기분 좋게 돌아다니다가 모퉁이를 돌아간 곳에서 허리가 굽은 백발노인과 딱 마주쳤다. 아마도 여든 살은 되어 보이는 노인이었다. 두 사람은 말없이 서로를 바라보았지만, 청년은 속으로 '세월이 흐른다면 저것이 바로 내 모습'이라는 생각을 하고 있었다. 한편 노인의 눈은 '나도 한때는 너처럼 젊었단다. 지식에 굶주리고, 뭔가 성취할 수 있을 것이라는 희망을 품고, 변화를 갈망했지. 그런데 지금은 사소한 기억들을 떠올

리느라 밤새 잠을 이루지 못하고, 낮에는 내 젊은 시절 이야기를 신나게 떠들어 대는 누런 신문에 코를 박고 있어.'라고 말하는 듯했다. 전에 그 청년은 거리에서 지팡이에 몸을 의지한 노인을 보고 걸음을 멈춘 적이 있었다. 노인은 5번가로 나이아가라 폭포처럼 쏟아져 내리는 자동차들을 바라보며 경탄과 소심함이 뒤섞인 표정을 짓고 있었다. 주름지고 창백한 얼굴, 상냥하지만 짜증이 날 만큼 어리둥절한 그 얼굴에는 무섭게 변화하는 세상이 버릇없이 뒤에 남기고 간 세대의 미묘한 비극이 드러나 있었다. 신들의 맷돌이 몹시 느리게 도는 것은 바로 이런 사람들을 위해서인지도 모른다. 끝날 줄 모르고 이어지는 변화 속에서 사람의 정신이 무너지지 않도록.

노년이란 무엇인가? 기본적으로는 육체의 상태를 말한다. 필연적으로 생명에 한계가 있음을 깨달을 수밖에 없는 세포의 상태. 그것은 생리학적이고 심리학적인 쇠퇴. 동맥이 굳어지고, 생각과 피가 멈춘다. 동맥이 늙으면 사람도 늙고, 생각이 젊으면 사람도 젊다. 뇌의 연상 능력이 정해진 패턴을 따라 축적되었다가 다른 것에 덮여 버리기라도 하는 것처럼, 학습 능력은 10년마다 감소한다. 새로운 주제들은 머릿속에서 제 공간을 찾지 못하고, 최근에 받은 인상들은 정치인의 약속처럼 또는 그 약속에 대한 대중의 기억처럼 순식간에 빛을 잃는다. 쇠퇴가 진행되면 생각의 가닥과 통일성이 사라지고, 몸과 머리의 협조도 제대로 이루어지지 않는다. 그래서 노인은 본론과 상관없는 이야기들을 장황하게 늘어놓는다. 토머스 드퀸시가 말한 "옛날이야기에 망령이 난 늙은이(anecdotage)"다.

아이의 나이가 어릴수록 성장 속도가 빠르듯이, 노인은 날이 갈수록 더 빠르게 늙어 간다. 그리고 아이가 처음 세상에 태어날 때 둔감한 감각의 보호를 받는 것처럼, 노인도 감각과 의지가 무뎌진 덕분에 편안함을 느낀다. 자연은 서서히 마취제를 투여하다가 시간의 낫을 휘둘러 가장 중대한 수술을 마무리한다.

감각의 강도가 줄어들면 활력도 사그라든다. 삶을 향한 욕망이 물러나고, 무심함과 참을성 있는 기다림이 자리를 차지하는 것이다. 죽음에 대한 공포는 휴식에 대한 갈망과 묘하게 뒤섞여 있다. 인생을 제대로 살면서 사랑을 온전히 경험하고 다양한 경험의 농익은 즙을 맛본 사람이라면 어느 정도 만족감을 느끼면서 자기보다 더 훌륭한 연극을 펼칠 사람들을 위해 무대를 비워 줄 수 있을지도 모르겠다.

하지만 인생이라는 연극이 결코 나아지는 법 없이, 항상 고통과 죽음 주위를 맴돌며 허구한 날 똑같이 어리석은 이야기만 한없이 늘어놓는다면? 이것이 바로 문제다. 이런 의심이 지혜의 심장을 갉아먹고 세월에 독을 주입한다. 인생에는 염

치없는 간통과 잔인하고 계산적인 살인이 존재한다. 옛날에도 그랬고, 앞으로도 항상 그럴 것이다. 수천의 생명과 수 세대의 노고를 쓸어 버리는 홍수도 있다. 사랑하는 사람을 잃고 마음이 깨어진 사람도 있다. 사랑은 언제나 속이 쓰릴 정도로 짧다. 공직자의 오만함, 꾸물거리는 법, 부패한 판관, 무능한 왕도 있다. 근육만 키우고 영혼에는 별로 도움이 되지 않는 엄청난 노예 노동도 있다.

어디서나 사람들은 생존을 위해 투쟁한다. 생명은 전쟁과 그물처럼 얽혀 있다. 모든 생명은 다른 생명을 희생시킨 대가로 살아가고, 모든 생물은 언제나 다른 생물을 먹는다. 이것이 역사다. 같은 일이 무한히 무익하게 반복되는 것. 열렬한 눈빛의 청년들도 과거의 우리와 똑같은 실수를 저지를 것이고, 과거의 우리와 똑같은 꿈에 이끌려 엉뚱한 길로 들어설 것이다. 그들도 고통을 맛보고, 호기심을 품고, 굴복하고, 늙어 갈 것이다.

5

죽음에 대하여

역사에서 확실한 것은 하나뿐이다. 바로 쇠퇴. 삶에서 확실한 것 역시 하나뿐이다. 바로 죽음. 반전된 낭만적인 눈으로 과거를 돌아보면 인류의 고통만 보일 수도 있다는 점이 바로 노년의 커다란 비극인지 모른다. 삶이 우리를 저버릴 때 삶을 찬양하기란 쉽지 않다. 만약 그런 때조차 우리가 삶에 대해 좋게 말한다면, 그것은 육체에서 떨어져 나와 죽음을 모르게 된 영혼의 영역에서 더 훌륭한 형태의 삶을 다시 찾게 될 것이라는 희망이 있기 때문이다.

하지만 우리가 생명을 위해 반드시 죽어야 한다면? 사실 우리는 개인이 아니다. 우리가 죽음을 용납할 수 없는 것은 자신이 개인이라고 생각하기 때문이다. 하지만 우리는 종(種)의 일시적인 도구이며, 생명이라는 몸속의 세포일 뿐이다. 우리는 생명이 젊고 강한 모습을 유지할 수 있도록 죽어서 떨어져 나간다. 만약 우리가 영원히 산다면 성장이 억제되고, 청춘은 지상에서 자리를 찾지 못할 것이다. 죽음이란 멋 내기와 똑같이 쓸데없는 잡동사니를 제거하는 과정, 불필요한 것을 잘라 내는 과정이다.

우리는 나이를 먹어 가는 몸에서 자신의 일부를 떼어 낸 뒤, 아이라고 부른다. 그리고 늙은 몸이 죽기 전에 결코 수그러들지 않는 사랑을 통해 이 새로운 형태의 자신에게 생기를 전해 준다. 부모 노릇을 통해서는 세대와 세대 사이의 간격을 잇고 죽음의 적의를 교묘히 피한다. 아이들은 심지어 홍수 속에서도 태어난다. 피난민들이 가득한 차 안의 혼돈 속에서도 쌍둥이들이 갑자기 나타나고, 날뛰는 물살에 둘러싸인 나무 위에 홀로 남은 엄마는 아기에게 젖을 먹인다. 죽음의 한가운데에서도 생명은 죽지 않고 스스로 다시 태어난다.

지혜는 노년의 선물처럼 다가올 수 있다. 사물들이 제자리에 놓인 것을 보고, 각각의 부분과 전체 사이의 관계를 보다가, 넓은 시야를 얻어 이해심으로 모든 것을 용서하게 될지도 모른다. 만약 삶에 죽음을 극복하는 의미를 주는 것이 철학의 시험 중 하나라면, 지혜는 언제나 썩어 가는 것은 전체의 일부에 불과하며 우리가 죽더라도 생명 그 자체는 죽음을 모른다는 사실을 알려 줄 것이다.

3000년 전 어떤 사람이 인간도 하늘을 날 수 있을지 모른다는 생각에 날개를 만들었다. 그의 아들 이카로스는 그 날개를 믿고 하늘로 날아오르려다가 바다로 떨어졌다. 생명은 그래도 기죽지 않고 이 꿈을 계속 이어 나갔다. 그래서 30세대가 흐른 뒤, 레오나르도 다빈치는 자신의 스케치(이 스케치를 본 사람들이 고통으로 숨을 멈출 만큼 아름답다.)에 하늘을 나는 기계의 도면과 계산을 끼적였고, 일단 한 번 듣고 나면 기억 속에 울리는 글귀를 메모에 남겼다. "장차 날개가 있으리라."

레오나르도는 실패하고 죽었지만 생명은 그 꿈을 여전히 계속 이어 나갔다. 또 여러 세대가 흐른 뒤, 사람들은 인간이 하늘을 나는 것은 하느님의 뜻이 아니므로 절대 불가능할 것이라고 말했다. 하지만 결국 인간은 하늘을 날 수 있게 되었고, 오랜 세월에 걸친 도전은 응답을 받았다. 이렇게 3000년 동안 하나의 목적을 품고 결코 물러서지 않을 수 있는 것이 생명이다. 개인은 실패할지라도 생명은 성공한다. 개인은 어리석을지라도, 생명은 자신의 피와 씨앗 속에 몇 세대에 걸친 지혜를 품고 있다. 개인은 죽을지라도 생명은 지치지도 풀이 죽지도 않고 계속 이어지며 궁금해하고 갈망하고 계획하고 노력하고 높은 곳에 오르고, 또 갈망한다.

죽음을 앞둔 노인이 침상에 누워 무기력한 친구들과 울부 짖는 친척들에게 시달리고 있다. 정말이지 끔찍한 광경이다. 헐렁하게 늘어지고 갈라진 살과 여윈 몸, 핏기 없는 얼굴과 이가 하나도 없는 입, 말하지 못하는 혀와 보지 못하는 눈이 라니! 수많은 희망과 시련을 겪은 청년이 이 길로 오고, 온갖 고통과 수고를 겪은 중년이 이 길로 온다. 건강과 힘과 즐거 운 경쟁도 이 길로 온다.(한때는 이 팔로 상대를 한 방 먹이고, 남자다운 게임에서 승리를 위해 싸운 적이 있었다.) 지식, 학문, 지혜도 이 길로 온다. 노인은 70년 동안 애써 지식을 모았다. 그의 두뇌는 다양한 경험의 저장고, 서로 미묘하게 다른 수 많은 생각과 행동의 중심이 되었다. 그의 심장은 고통을 통해 부드러움을 배웠고, 그의 머리는 분별을 얻었다. 70년 동안 그는 짐승에서 인간으로 자라나 진리를 추구하고 아름다움 을 창조할 수 있게 되었다. 하지만 임박한 죽음이 그에게 독 을 풀고, 그의 숨통을 막고, 피를 굳히고, 심장을 움켜쥐고, 뇌를 터뜨리고, 목구멍에서 덜컥거린다. 죽음의 승리다.

바깥의 초록색 나뭇가지에서는 새들이 즐겁게 지저귄다. 수탉은 태양을 향해 찬가를 부른다. 빛이 벌판을 흐르고, 봉 오리들이 벌어지고, 꽃자루는 자신 있게 고개를 들고, 나무 에 수액이 오른다. 아이들이 보인다. 과연 무엇이 아이들을 저리도 즐겁게 만드는가? 이슬에 젖은 풀밭을 정신없이 뛰어다니고, 웃고, 소리치고, 뭔가를 쫓고, 피하고, 숨을 몰아쉬면서도 지치지 않게 하는가? 저 에너지와 활기와 행복이라니! 저들이 죽음에 대해 무슨 신경을 쓰겠는가? 아이들은 배우고 자라고 사랑하고 몸부림치고 창조할 것이다. 어쩌면 죽기 전에 삶을 아주 조금 더 높은 곳에 올려놓을지도 모른다. 세상을 떠나더라도 그들은 자녀들을 통해, 자식들이 자신보다 조금 더 나은 사람이 되게 돌보는 행위를 통해 죽음을 속일 것이다.

생명의 승리다.

6

우리의 영혼

어디서나 위를 향해 뾰족 솟은 첨탑들, 절망을 무시하고 희망을 끌어올리는 도시의 높다란 첨탑들이나 산속 소박한 예배당들, 이것들이 어디서나 땅에서 하늘을 향해 솟아 있다. 지구상 모든 나라, 모든 마을에서 의심에 도전장을 던지고, 지친 마음에 위안이 되어 주겠다고 손짓한다. 이 모든 것이 헛된 망상인가? 생명 너머에 있는 것은 죽음뿐이고, 죽음 너머에 있는 것은 썩어 가는 일뿐인가? 우리는 알 수 없다. 하지만 인간이 고통을 겪는 한 뾰족탑들은 남아 있을 것이다.

언젠가 반드시 끝날 우리의 존재보다 더 오래 살아남을 것이 우리에게 있는지 살펴보기에 지금이 적당한 시기인 것 같다. 이를 위해서는 먼저 물질과 공간, 시간, 감각, 지각, 정신, 자아, 의식, 영혼 같은 것들을 어느 정도 정의할 필요가 있다. 칸트는 이 작업에 800쪽을 들였다. 하지만 내 머리는 칸트만큼 복잡하지 않으므로, 나는 그보다 훨씬 적은 분량으로 만족하겠다.

내가 말하는 '물질'은 공간을 차지하는 어떤 것을 뜻한다. 점점 또 하나의 형이상학으로 변해 가고 있는 이론물리학은 물질을 거의 공간을 차지하지 않는 에너지로 만들어 버리지만, 내가 보기에는 일종의 신비주의 같은 주장이다. 나는 공간을 차지하는 물체들을 계속 인식하며, 내가 인식하든 안 하든 물체가 존재할 수 있다고 믿는다. 헤아릴 수 없이 많은 실험들과 사람들이 이 견해를 확인해 주었고, 그것으로 충분하다. 내가 나의 지각과는 별개로 어떤 물체를 알아차릴 수 없는 것은 사실이다. 물체는 내가 지각하는 범위 안에 들어오는 순간 내 감각의 구조와 상태에 따라, 중간 매개체의 성질에 따라, 그 물체와 내 눈에 닿는 빛의 성질과 각도에 따라 변화한다. 하지만 내 지각이 그 물체를 만들어 냈다고 가정한다면, 나는 새뮤얼 존슨처럼 무뚝뚝한 방법으로, 그러니까 억센 돌멩이를 발로 차는 방식으로 쉽사리 나 자신을 일깨울 수 있다.[*]

주관적인 의미로 공간은 지각의 공존을 뜻한다. 동시에 두 물체를 지각하면서 그것들의 좌우, 상하를 구분하는 일을 말한다. 객관적으로는 운동의 가능성과 매체를 뜻한다. 주관적으로 시간은 연달아 발생하는 지각을 차례대로 의식하는 것이다. 반면 객관적으로는 변화의 가능성을 뜻한다. 내가 나무를 인식하든 하지 않든, 나무는 자라고 시들어 갈 것이다. 계절의 변화를 지켜볼 눈이 있든 없든, 계절은 다음 계절로 넘어갈 것이다. 나무가 쿵 하고 쓰러지는 소리를 들을 귀가 없더라도 죽어 가는 나무는 쓰러진다. 세상은 쇼펜하우어가 말한 '나의 상상'이 아니다. 여러분과 나는 스쳐 지나가는 행인에 불과한 엄격한 현실이다.

만약 내가 공간을 차지하는 것이 곧 물질이라고 정의한다면, 정신은 물질이 아니라는 결론을 내릴 수밖에 없다. 내가 거듭해서 직접적으로 나의 내면을 들여다보아도, 정신이 공간을 차지하고 있다는 흔적이 전혀 없기 때문이다. 정신은 1인치를 생각할 때나 1마일을 끌어안을 때나 똑같은 노력을 기울인다. 내가 말하는 '정신'은 생물의 내면에 존재하는 지각, 기억, 생각의 총합을 뜻한다. 때로는 자신에 대한 의식도 포함된다. 감각은 외부 자극이나 내부 상태를 느끼는 것이다.

---

* 우리가 인식하지 못하는 물질은 존재하지 않으므로 외부 세계는 상상의 소산일 뿐이라고 주장한 철학자 버클리에 맞서서 존슨은 길가의 돌멩이를 발로 찬 뒤 자신이 그 주장을 반박했다고 말했다.

감각은 무의식 상태로 이루어져서 무의식적인 반응을 낳을 수 있다. 내가 잘 때 누군가가 내 발바닥을 간질이면, 내 발가락이 반사적으로 구부러지는 것이 한 예다. 의식이 감각에 원인이나 장소를 부여하면(아픈 곳이 귀임을 파악하거나 소리의 정체가 천둥임을 알아차리는 것) 감각은 지각이 된다.

신경계에는 감각, 지각, 기억, 생각에 물질적으로 상응하는 것들이 있지만, 여기에 뭔가 덧붙여진 것이 있다. 그리고 우리가 자기 성찰을 인식할 수 있는 것은 바로 이 '뭔가' 덕분이다. 데이비드 흄이 정신을 지각이나 생각의 흐름으로 치부하면서 즐거워했다는 사실은 알지만, 그 역시 자신의 이런 생각을 진지하게 받아들이지 않았다. 일련의 정신적인 상태 외에도, 직접적인 자기 성찰 인식에 의해 '자아'를 구성하는 성격과 지속성이 감지된다. 깨어 있는 상태와 수면 상태, 지각과 기억을 구분하는 의식이 존재하거나, 존재할 수 있다. 이것은 모든 유물론자의 형이상학적 사고에 박힌 가시와 같은 존재였다.

이쯤에서 정신분석학이 내게 일깨워 주는 것이 있다. 나의 성격과 생각 중 많은 부분이 '잠재의식'의 영향을 받고 있으며, 때로는 잠재의식의 지휘를 받기도 한다는 것. 나는 이것을 생리학적인 자아라고 부르고 싶다. 신경계에서 과거의 감각, 행동, 욕망, 두려움(심지어 태어나기 전 종족 전체의 것까지도)이 저장된 곳이다. 의식이 깨어 있는 자아가 현재의 지각으로 과거의 기억을 억제하지 않으면 심리학적인 자아에 저장된 것들이 꿈속으로 들어올 수 있다. 깨어 있을 때에도 현재의 경험이 신경계에 저장된 관련 기억을 일깨운다면 그것들이 의식 속으로 들어올 수 있다. 이런 잠재적인 기억은 자아와 영혼의 일부다. 의식은 영혼의 전부가 아니라, 영혼의 최고 업적일 뿐이다.

정신과는 별개로 '영혼'은 모두의 내면에서, 그리고 모든 세포와 장기 안에서 방향을 지시하고 원기를 주는 힘을 뜻한다. 영혼은 숨과 밀접하게 관련되어 있으며(숨도 한때 영혼과 마찬가지로 'spiritus'라 불렸다.) 호흡이 영원히 멎으면 영혼도 점차 죽어 간다. 하지만 영혼은 단순한 호흡 이상이다. 몸이나 정신의 미묘한 기능에까지 닿을 수 있기 때문이다. 내면을 들여다볼 때 내가 지각하는 것은 단순히 감각이나 생각뿐만이 아니다. 욕망이나 의지, 포부, 자부심도 '나'의 필수적인 일면들로 지각한다. 스피노자가 옳았다. "desiderium ipsa essentia hominis", 즉 "욕망은 인간의 정수 그 자체다." 최후의 패배를 인정하고 받아들일 때까지 우리는 살아서 활활 타오르는 욕망의 불꽃이다. 의지는 생각으로 표현된 욕망이며, 반대되거나 대안적인 욕망과 생각이 방해하지 않는 한 행동으로 표출된다. 성격은 우리가 지닌 욕망, 두려움, 경향, 버릇, 능력, 생각의 총합이다.

유전과 환경의 구속을 받아 가며, 조상들의 영혼이 조상들의 형체를 잡을 때 따라갔던 길을 따라 우리의 몸과 얼굴을 형성하는 것이 바로 이 영혼이다. 영혼은 욕망과 생각이 모락모락 김을 피워 올리는 연못이다. 아메바가 위족을 내밀어 제가 원하는 물체를 움켜쥐고 감쌀 때, 그 위족을 형성하는 것이 욕망이다. 만약 그런 욕망이 많은 개체들의 삶과 수많은 세대를 통해 표현된다면, 태아를 움직이는 힘, 즉 영혼이 영구적인 팔다리를 만들어 낼 수도 있을 것이다. 나는 여기서 다윈을 버리고, 라마르크에게로 돌아간다. 비록 그의 이론에 조심스레 몇 가지 수정을 가하기는 했지만. 나는 내가 영혼이라고 부르는 존재처럼 근본이 되는 힘이 모든 것 안에 존재한다고 믿는다. 다시 스피노자의 말이 떠오른다. "omnia quodammodo animata", 즉 "만물은 어떤 의미에서 생기를 띠고 있다." 겉으로 보기에는 생명이 없을 것 같은 돌멩이 안에서 춤을 추는 전자들이라 해도 마찬가지다.

이제 나는 머뭇거리면서 겸허하게 스피노자의 곁을 떠난다. 결정론을 거부하기 위해서다. 결정론은 의식을 쓸데없는 골칫덩이로 만들어 버릴 것이다. 만약 의식이 생존과 관련해서 아무런 가치가 없다면, 지금까지 그토록 놀라운 의식의 발전이 끈질기게 이뤄졌을 것 같지 않다. 의식의 가치 중에는, 상황에 대한 다양한 반응을 시험하고, 각각의 반응이 낳을 수 있는 결과들을 기억 속 경험에 비추어 상상하거나 예측하며, 그 효과를 최종적인 행동에 미치게 하는 연습 무대의 역할이 포함된다. 지연 반응은 주어진 상황의 중요한 측면이 모두 의식에 입력되어 대응을 이끌어 내게 해 준다. 이를 통해 지적이고 적절한 반응이 가능해진다. 만약 의식이 행동에 아무런 영향을 미치지 못하고, 모든 반응이 기계적인 자극에 대한 기계적인 반응일 뿐이라면, 생명을 일깨우는 것은 그저 꿈에 지나지 않는 일이 될 것이다. 무의식적인 힘이 모든 지각, 느낌, 생각을 결정할 테니 말이다.

순수하게 논리만 따지면 결정론에 반박의 여지가 없는 것처럼 보인다는 사실은 나도 인정한다. 우주의 역사에서 매 순간은 필연적으로 그 이전 순간의 조건과 구성 요소에 의해 결정되는 것 같다. 이런 식으로 계속 거슬러 올라가다 보면 셰익스피어 희곡의 모든 대사들을 낳은 원천과 그에 대한 설명을 먼 옛날 가스 상태이던 원시 성운에서 찾게 된다. 중세의 기적 이야기보다도 믿기 어려운 소리다. 나는 어떤 그럴듯한 논리보다도 내 내면의 지각을 믿는 편이다. '논리'로 '입증'되었다가 나중에 논리학자들의 손에 폐기된 것이 얼마나 많은가. 유클리드의 명제는 가우스와 리만이 무너뜨렸고, 뉴턴 물리학은 아인슈타인이 무너뜨렸다. 논리 그 자체는 인류의 창조물이므로, 우주에게 무시당할 수 있다.

만약 나처럼 자연에 자연 발생적인 요소가 어느 정도 포함되어 있다고 믿는다면 기계적인 논쟁에서 탈출할 수 있다. 자연 발생적인 요소는 우리가 가스 상태에서 인류를 향해 단계를 밟아 올라갈수록 점점 복잡해진다. 인간의 경우 유전, 환경, 주변 정황(결정론적인 삼인조) 외에 영혼의 포괄적이고 강력하고 '생산적인 충동'이 있다. 이것이 없이는 성장을 이해할 수 없을 것이다. 내 안에서도 기계적인 힘 외에 '나'가 작동하고 있다. '나'는 단순히 감각, 기억, 반응으로 이루어진 기계가 아니라 내 자아의 특징과 인상을 간직한 힘과 의지다. 내가 자유와 독창적인 행동을 얼마나 즐기는지는 나도 모르지만, 내면을 들여다보면 기계 장치는 보이지 않는다. 포부, 욕망, 의지가 있을 뿐이다. 경험이 아닌 욕망이 삶의 정수이며, 경험은 정신을 계몽하고 목표를 추구하는 과정에서 욕망의 도구가 된다.

하지만 내 행동에 자유의 요소가 조금이라도 있다면, 역학의 법칙과 결정론적인 숙명에 종속되어 있다는 외부 세계에서 어떻게 내 행동이 작동할 수 있는 틈새를 찾아낼까? 그것은 외부 세계 자체가 맹목적인 기계가 아니라 다양한 생기와 의지가 숱하게 갈등을 일으키며 움직이는 장이기 때문이다. 또한 역학 법칙은 일반적으로 수많은 힘들이 빚어내는 결과들의 평균 근사치에 불과하다. 물리학도 그런 결론을 향해 가고 있는 것 같다. 베르너 하이젠베르크의 '불확정성 원리'나 닐스 보어의 이중 세계 개념(내부 세계는 '오목'하고, 외부 세계는 '볼록'하며, 각각의 세계에는 나름의 관습과 법률이 있다.)[1]이 그런 예다. 아니면 스피노자의 말처럼, 현실이란 여러 가지 중에서 두 가지 속성이나 측면(물질적 확장과 공간이 필요하지 않은 생각)을 지닌 하나의 실체일 수 있다. 우리는 외부 형태와 내부의 생명(몸과 마음)을 모두 지각할 수 있는 현실의 여러 부분들 중 하나다.[2]

비록 나는 나만의 영혼에 애정을 갖고 있지만, 내 영혼이

---

1) *New York Times*, June 23, 1934.

2) 1913년에 산타야나의 다섯 권짜리 저서 『이성의 삶(*The Life of Reason*)』을 처음 읽었을 때, 나는 생각이나 의식의 효력을 부정하는 그의 주장을 전혀 납득하지 못했다.(*Reason in Common Sense*, Chapter IX; *Reason in Science*, Chapter III) "생각은 전혀 유효하지 않다. (……) 정신은 행동의 결과를 기껏해야 모호하게 예측할 뿐이다. (……) 그러나 이러한 예감은 (……) 이것을 만들어 내고, (만약 그 예지를 반드시 실현해야 한다면) 그 예지를 반드시 실현시키는 미지의 기계적 과정에 분명히 그 어떤 도움이나 지시도 줄 수 없다." (*Reason in Common Sense*, 214) 54년이 흐른 지금 이 글을 다시 읽어도 여전히 납득할 수 없다. 생각과 의식이 행동과 삶에 아무런 영향을 미치지 못하는데도 진화 과정에서 그토록 열심히 발전해 왔다는 것은 이론적으로 대단히 불가능한 일처럼 보일 뿐만 아니라, 우리가 자주 직접적으로 경험하는 일과도 완전히 반대된다. 하지만 믿기 힘든 철학이 이토록 멋지게 장식된 경우는 별로 없었다. 추상적인 개념들 위에서 은유가 빛을 번쩍이고, 단어들은 최면 효과가 있는 음악이 되어 흐른다. 읽고 주의하라! (말년에 산타야나는 이 다섯 권의 책을 쓴 것을 후회했지만, 여전히 유물론자를 자처했다.)

내 몸의 완전한 죽음 이후에도 살아남을 것이라고 기대하지는 않는다. 죽음은 인간적인 영혼, 즉 생명을 주고 형태를 만들어 주는 힘이 깨어져서 몸의 각 부분에 생기를 주는 부분적인 영혼들로 변하는 것이다. 이렇게 부서진 영혼들이 한동안 시체의 머리카락과 손톱을 자라게 할 수 있다. 그러다가 시체가 완전히 분해되면, 그 뒤에 남은 '무기물' 조각에조차 내면의 에너지를 주는 영혼이 존재할 것이다. 하지만 지금의 나를 이루는 내 영혼은 조직을 갖추고 중앙의 지휘를 받는 내 몸, 나의 개인적인 기억, 욕망, 성격에 묶여 있으므로 내 몸이 쇠퇴하면 함께 해체를 겪을 수밖에 없다.

여기서 나는 다시 가장 좋아하는 철학자 스피노자와 궤를 달리한다. 스피노자가 『윤리학』 말미에서 일종의 '지적인 불멸성'이라는 개념을 만지작거린 것이 기억날 것이다. 그는 우리가 사물이나 생각을 sub specie aeternitatis, 즉 영원의 관점에서 바라보는 한 자신을 불멸의 존재로 느낄 수 있다는 주장을 내놓았다. 우리의 생각이 세월의 영향을 받지 않는다는 의미에서 불멸이 되리라는 것이다. 그런 의미에서 우리는 모든 것을 영원한 빛 안에서 보는 신성한 정신의 일부가 될 것이다. 조지 산타야나도 비슷한 환상으로 자신의 유물론을 위로했다.[3] 하

---

3) *Reason in Religion*, Chapter XIV.

지만 우리 중 과연 누가 사물을 영원의 관점에서 보았을까? 아니, 볼 수는 있을까? 자신이 진리를 알고 있다고 확신할 수 있을까?

나는 유한한 내 생명에 상당히 만족한다. 아무리 낙원 같은 곳이라 해도 영원히 살아야 한다면 나는 경악할 것이다. 나이가 90대에 접어들면서, 나의 포부는 누그러지고 삶에 대한 열정도 이지러진다. 오래지 않아 나는 카이사르처럼 Jam satis vixi, 즉 "이미 충분히 살았다." 하고 외치게 될 것이다. 충만한 인생을 살고 때가 되어 죽음이 다가오는 것은 용납할 수 있는 좋은 일이다. 만약 내가 마지막 숨을 몰아쉬며 지금의 이 허장성세와 어긋나는 말을 하거든 그냥 무시하기 바란다. 우리는 자손들을 위해 자리를 비워 줄 의무가 있다.

7

우리의 신

이제 와서 내가 히브리의 호전적인 하느님도, 그리스도교의 벌주고 상 주는 하느님도 믿지 않는 신학적 회의주의자임을 새삼 말할 필요는 없을 것이다. 우주에는 질서의 증거가 많지만, 무질서해 보이는 상황들도 많다. 유성의 분별없는 변덕이나 오만하게 기하학의 규칙을 벗어나는 행성 궤도가 좋은 예다. 그러나 질서와 무질서에 대한 나의 인식은 아름다움이나 숭고함이나 추함에 대한 인식과 마찬가지로 주관적이다. 말하자면 나의 편견인 셈이다. 내가 사물들에 질서를 부여해야 내 머리가 그것들을 더 잘 다룰 수 있는데, 정작 우주는 나의 취향에 따를 의무가 없기 때문이다.

자연과 나 자신에게서 나는 많은 설계의 증거를 본다. 어떤 우주적 존재가 자신의 목표와 욕망에 맞춰 수단과 기관을 조정하는 실험을 하고 있다는 증거들이다. 하지만 신체 기관이 기능과 목적에 완벽히 적응하지 못한 사례들,(헬름홀츠가 비판한 눈이 좋은 예다.)* 교회에서 하느님께 예배 드리던 경건한 사람들 수천 명을 학살한 리스본 지진(1755년)처럼, 인간적인 관점에서 보면 상냥하지 않고 잔인한 우주적 힘을 암시하는 사건들도 있다. '자연'은 확실히 마흔네 살에 스피노자의 목숨을 앗아 간 결핵균보다 스피노자에게 더 애정을 보이지는 않았다.

세상에는 고통이 너무나 많고, 그중 대부분이 부당한 고통이며, 전쟁과 파괴와 범죄와 부패와 야만적인 행동도 너무나 많다. 심지어 중세 교회 같은 종교 단체도 마찬가지였다. 그래서 우리는 이 모든 것이 전능하고 자비로운 신의 허락으로 세상에 존재한다는 주장을 믿기 힘들다. 그런데도 수많은 그리스도인들은 이런 악이 하느님의 의지로 생겨났다고 해석한다. 지금 보면, 신이 피조물인 인간이 잉태되기 전에 이미 천국에 받아들여 영원한 행복을 누리게 해 줄 사람과 지옥에서

---

* 헬름홀츠는 인간의 눈이 기술적, 생리학적으로 신뢰할 만큼 정확한 인상을 전달하지 못한다고 주장했다.

한없는 고통에 시달리게 할 사람을 선택하기 때문에 인간이 평생 미덕을 추구하든 악을 추구하든 상관없다는 칼뱅의 교리가 어찌나 야만적인지 모른다.

니체가 『자라투스트라는 이렇게 말했다』(1883)에서 그토록 기쁘게 죽음을 선언한 신은 그리스도교의 하느님이다. 몇몇 젊은 그리스도교 신학자들이 "신은 죽었다."라고 합의할 때 생각한 신도 바로 그 하느님이다. 역사를 보면, 인류의 지식과 도덕이 향상되면서 하느님에 대한 인식도 주기적으로 변한다. 그런데 이런 주기적인 재평가는 철학자와 성자뿐만 아니라 나라와 시대 전체를 발칵 뒤집어 놓을 수 있다. 우리가 지금 바로 그런 시대를 살고 있다. 과학의 계시와 역사, 그리스도의 윤리 때문에, 남보다 더 깨친 사람들이 우리 조상들에게 겁을 주어 점잖게 만들었다는 "무서운 턱수염의 하느님"을 믿기가 불가능해졌다. 그런 의미에서 여호와를 죽인 사람은 바로 그리스도다.

인류의 역사를 신의 아바타라는 관점에서 쓸 수도 있을 것이다. 예전의 신이 죽고 점점 높아지는 종족의 지식수준과 도덕 수준에 걸맞은 새로운 신의 자리가 마련되는 과정이 되풀이되고 있으니 말이다. 인류가 과거에 한때 숭배했던 다양한 신들의 목록을 만들어 보면, 천국의 변화를 보여 주는 굉장한 일람표가 될 것이다. 최고의 신들은 수백 명 수준이고, 하급 신들은 수천 명 수준이다. 만약 과거의 사람들이 지상으로 다시 돌아온다면, 자신들이 기도했던 대다수 신들이 오늘날에는 인류학자들이나 아는 존재가 되었다는 사실에 경악을 금치 못할 것이다. 어느 시대에나 사람들은 그 시대의 유행에 따라 신을 재해석했으며, 그 덧없는 신을 위해 기꺼이 목숨을 던졌다. 아니, 죽지는 못하더라도 최소한 남을 기꺼이 죽일 정도는 되었다. 따라서 역사가들은 신의 개념이 또다시 변하는 것을 볼 준비가 되어 있다.

신의 발판이던 지구가 우주의 보잘것없는 한 조각에 불과하다고 코페르니쿠스가 선언한 순간부터, 오랜 옛날 부족들이 모시던 신은 죽어 가기 시작했다. 그리고 인류는 천문학이 인간들의 눈앞에 펼쳐 보이는 우주에 걸맞게 신의 개념을 확대하라고 요구하는 목소리를 들었다.

다윈은 이 변화에 더욱 박차를 가했다. 천문학자 코페르니쿠스가 우주에서 지구의 지위를 바꿔 놓았다면, 생물학자 다윈은 무한한 세월 속에서 덧없이 스쳐 지나가며 지상을 걷거나 바다를 헤엄치거나 허공을 날았던 수많은 생물 중 인류의 위치를 바꿔 놓았다. 이제 인간은 자연의 한없는 오디세이 중 한 줄에 불과했다. 하지만 존 몰리가 말한 "과학의 다음 위대한 과제, 즉 인류를 위한 새로운 종교 창조"의 길을 열어 준 사람 역시 다윈이었다. 진화론은 허버트 스펜서의 기계론적

철학을 뒷받침하기는커녕 우주에서 벌어지는 일들의 핵심이 '물질'이 아니라 생명임을 밝혀 주었다. 게다가 기계가 어찌 진화할 수 있겠는가? 진화는 수동적인 과정이 아니라 능동적인 과정이며, 환경과 우연의 힘으로 생명체가 형성되는 것이 아니라 실험하고 학습할 수 있는 능력을 부여받은 생명체가 환경을 애써 개조하고 우연을 부분적으로 통제하는 것이다. 아무 목적 없는 변이들이 우연히 일어나는 것이 아니라, 만족할 줄 모르는 욕망으로 새로운 장기들이 줄줄이 창조되고 의지의 힘으로 몸을 형성하며 지상의 모습마저 바꾸어 놓는 것이 진화인 것이다. 그러니 생명 그 자체가 새로운 신이 될 수 있다.

아이처럼 유치하고 한심한 소리로 들리겠지만 이미 거듭 관찰된 사실을 보고하는 차원에서 말하자면, 나는 어린 시절 영성체를 받으러 나갈 때나 십자가의 길 앞에서 기도를 중얼거릴 때 느끼던 경건함과 비슷한 감정을 생명이 있는 것들 앞에서 자주 느낀다. 땅에서 솟아나는 초록색 싹을 볼 때마다 그 신비로운 현상 앞에서 실재를 더 실감한다. 내 손자가 내게 원자의 놀라움을 설명하려고 헛되이 애쓸 때와는 다르다.

뿌리를 땅속으로 점점 더 깊고 넓게 뻗으면서도 마치 빛과 온기를 달라고 기도하듯 하늘을 향해 올라가며 가지를 뻗고 수많은 이파리를 펼쳐 숨을 쉬고 햇빛을 받는 이 나무를 보

라. 내 안에서도 빛과 성장을 향한 똑같은 욕망이 느껴진다. 이 나무와 나는 똑같은 굶주림과 똑같은 생명을 지닌 비슷한 영혼인 것이다. 공원에서 아이들과 장난치며 노는 부모들을 볼 때도 나는 그들 역시 생명의 기도 중 일부라는 생각이 든다. 임대 주택 계단에 앉아 아이에게 젖을 먹이는, 가난하기 짝이 없는 성모는 모든 기계 장치와 움직임 뒤에 숨어 있는 생명의 힘의 한 형태이자 상징으로 보인다.

그렇다면 이것이 바로 내가 숭배하는 신이다. 원자의 에너지에서부터 힘들게 단계를 밟아 지구를 초록색으로 물들이고, 포부로 젊은이를 휘젓고, 부드러운 갈망으로 처녀를 동요시키고, 여자의 형태를 갖추게 하고, 천재를 들뜨게 하고, 조각가 페이디아스*의 손을 이끌고, 스피노자와 그리스도 안에서 스스로를 정당화하는, 끈기 있고 창의적인 생명. 실재에는 이 생명 말고 다른 측면이 존재한다는 것도, 자연에는 아름다움과 발전만큼 무시무시한 것이 많다는 사실도 잘 알고 있다. 하지만 그럴수록 모든 생명 있는 것들을 경외하고 도와야 한다. 이것은 사실 매우 유구한 철학이다. 그렇지 않았다면 나는 이것을 믿지 않았을 것이다.

---

* 고대 그리스의 조각가로 제우스 신상과 파르테논 신전의 아테나 여신상을 만들었다.

내가 모시는 이 신은 나만의 것인가? 그렇지 않다. 그래야 할 이유도 없다. 개인적인 특징은 창조의 일부일 뿐 창조의 힘과는 상관없다. 개인적인 특징은 의지와 성격의 특수한 형태, 분리된 형태다. 내가 숭배하는 신은 그렇게 분리된 부분적인 자아일 리 없다. 그것은 우주적인 활기의 총합이자 원천이다. 우리의 자그마한 자아는 거기에서 추출된 조각이며 실험적인 존재다.

나는 여러분에게서 무신론자라고 욕을 먹을 각오가 되어 있다. 기꺼이 한 일은 아니라 해도 어쨌든 개인적이고 애정 어린 신에 대한 믿음을 버렸기 때문이다. 하지만 '신'이라는 단어를 내 인생과 신조에서 제외하는 일은 하지 않을 것이다. 신에 대한 다른 사람의 생각을 존중하고, 내 집이 있는 언덕 바로 아래의 가톨릭계 대학에 다니는 사랑스러운 아가씨들이 생각하는 신도 존중할 것이다. 어쩌면 여러분도 (우리 모두 바다를 분석하려고 애쓰는 물방울에 불과하므로) 신에 대한 나의 정의를 존중해 줄지 모른다. 나는 유물론을 거부하고, 정신을 내가 가장 직접적으로 알고 있는 실재로 받아들였다. 그리고 세상은 맹목적인 기계들이 움직이는 곳이 아니라, 생명이 애를 쓰고 창조하는 곳이라고 생각한다. 그러니 '신'이라는 단어를 자연의 창의적인 생기와 풍부한 비옥함, 원자의 에너지에서부터 지능, 의식, 의지, 정치가, 시인, 성자, 예술가, 음악가, 과학자, 철학자를 빚어내기 위해 영겁의 세월 동안 '물질'이 벌인 투쟁을 위해 쓸 수 있게 해 달라. 내게 뭔가 숭배할 것을 허락해 달라!

나는 내가 문자 그대로의 의미로 그리스도교인이라고 생각한다. 그리스도의 인격과 윤리를 진심으로 공경하며, 그리스도교인다운 행동을 하려고 끈기 있게 노력한다는 힘든 의미의 그리스도교인이다. 하지만 성자는 아니다. 나는 여성들이 등장하는 연극을 보러 가서, 여체를 보며 남몰래 좋아한 적이 여러 번 있다. 90대의 나이에도 성적으로 강한 충동을 느낀 적이 있다. 최근 병 때문에 그런 충동이 떨어져 나간 것 같지만 벌써 되살아날 기미가 보인다. 나는 그리스도처럼 완전한 그리스도교인이 되고 싶다고 소망하면서도 정신의 즐거움뿐만 아니라 감각적인 즐거움 또한 존중한다는 의미에서 기독교인이자 이교도가 아닌가 하는 생각이 든다. 그래도 노력은 하고 있다. 우선 에어리얼과 내가 지금까지 받은 인세가 상당한데, 수입의 절반 이상을 세금으로 내고 그 나머지 중 절반을 기부한다. 생활이나 옷차림도 항상 소박하게 유지하고, 여행을 많이 하는 것도 대부분 힘든 연구를 위해서다. 나는 여행을 싫어하고 집을 사랑하는 사람이다. 그리고 내가 기억하는 한, 악을 악으로 갚은 적은 없다. 누군가를 증오하거나 저주한 적이 없고, 1941년에 미국이 일본과 독일에 맞서 싸울 때를 제외하고는 전쟁을 지지한 적도 없다.

내가 지금의 정신과 기분으로 인생을 한 번 더 살 수 있다면 역사나 철학에 관한 글을 쓰지 않을 것이다. 그 대신 관용이 넘치는 신학을 받아들이든지 아니면 아예 신학을 따르지 않아도 되지만, 결혼 전과 결혼 생활의 정절, 폭넓은 자선, 명백히 방어를 위한 전쟁 외에는 모든 전쟁에 반대하는 평화주의 등 그리스도의 윤리를 최대한 따르겠다고 맹세한 사람들의 단체를 만드는 데 헌신할 것이다. 세상의 현자들이 이 글을 어떻게 놀려 댈지 상상이 간다. 성자에 가까운 사람들의 단체를 만들겠다는 내 생각이 얼마나 불안정하고 인기가 없을지도 알고 있다. 그래도 나는 최고의 책 100권을 쓰기보다 평범한 사람들과 정치가들이 더 나은 사람이 될 수 있도록 한 푼이라도 기부하는 편을 택할 것이다.

8

종교에 대하여

초기 불교와 같은 일부 종교들은 신에 대한 믿음이 없었다. 실제로 1967년 3월 31일에 남베트남의 불교도들이 신헌법에 신이라는 개념을 받아들이는 것에 반대한다는 뉴스가 나온 적도 있다. 나는 아시아 종교에 대해서는 이러쿵저러쿵 할 자격을 갖추지 못했지만, 그리스도교와는 조금 친밀한 사이다.

나더러 여전히 목 아래로는 가톨릭 신자라며 빙긋 웃는 에어리얼의 생각이 아마 옳을 것이다. 나는 유년기와 청소년기에 수녀들과 사제들에게서 종교적인 교육을 받았다. 그분들에 대해서는 온통 좋은 기억뿐이다. 내가 매사추세츠와 뉴저지에서 다녔던 교구 학교의 소박한 소녀들, 성모의 아름다운 기도, 나를 포함한 남녀 아이들(그때는 성별이 남과 여 둘밖에 없었다.)이 헌신적이고 존경스러운 선생님들의 지도로 부르던 즐거운 찬송가가 지금도 그립다. '아카데미'와 대학에서 예수회 선생님들의 지도를 받은 7년 세월도 감사의 마음과 함께 기억하고 있다. 비록 그분들과 함께한 지 2년째 되던 해(1905년)에 교과 과정과 상관없이 혼자 다윈과 스펜서를 읽다가 부모님에게 물려받은 믿음이 녹아 버리기는 했지만 말이다.

그때 우리에게는 그리스도교의 가장 좋은 점들만 제시되었다. 사랑이 넘치는 하느님, 온화한 그리스도, 친절과 정절과 효도의 윤리 같은 것들. 사탄이나 지옥에 대해서는 거의 말이 없었고, 우리를 가르치던 헌신적인 수녀님들은 십중팔구 종교 재판에 대해 들어 본 적도 없는 것 같은 사람들이었다. 나는 수녀님들에게 귀여움을 받는 학생이었다. 똑똑하고 기민하면서도 말썽을 부리곤 했기 때문이다. 부모님이 나를 사제로 바치기로 정해 두신 것을 아마 수녀님들도 알고 있었을 것이다. 그분들은 나를 그분들의 소박한 신앙 세계 중 가장 비밀스러운 곳으로 데려가 가장 설득력 있는 조각들을 먹여 주었다.

내가 지금까지 만난 모든 사제 중 가장 훌륭한 분은 제임스 무니 신부님(나중에 몬시뇰이 되었다.)이다. 엄격하지만 상냥하고, 금욕적이고 독실한 무니 신부님은 시턴 홀 신학대학에서 청년들을 이끄는 일에 몸을 불태웠다. 내가 1909년에 그 학교에 들어간 데에는 무니 신부님을 기쁘게 하고 싶은 마음 조금, 우리 가족 내의 위기를 피하고 싶은 마음 조금, 미국 가톨릭교회를 사회주의 운동에 협조적인 쪽으로 돌려놓을 수 있을 것이라는 희망이 조금 작용했다. 1906년에 나는 이미 그리스도교 신앙 대신 사회주의의 꿈을 세상의 희망으로 생각하고 있었다. 천국이 추락하는 만큼 유토피아가 부상할 것이라고. 1911년이 되자 나는 계속해서 정통 교리를 믿는 척하기가 불가능하다는 사실을 깨달았다. 그래서 부모님을 몹시 슬프게 만들면서까지 신학교를 그만두고, 몇 해 동안 정신적인 혼돈에 빠져 혼자 고독하게 살았다.

청소년기에 가톨릭 신앙에 깊이 젖은 사람은 믿음이 붕괴했을 때 잘 회복하지 못한다. 가톨릭은 드라마, 시, 예술이 풍부하고 육체에 부드러운, 가장 매력적인 종교이기 때문이다. 우리처럼 발가벗겨진 사람들은 가톨릭 신앙을 이상화하며 그 안에서 불합리, 두려움, 편협함이라는 요소들을 잊어버리고, 가톨릭의 신조와 의식이 우리를 장엄한 서사시의 참여자로 만든다는 사실을 기억에 새긴다. 그 서사시는 그 무엇보다도 소박한 삶에 의미와 품위를 부여해 주고, 우리로 하여금 절제를 다져 예의를 아는 사람이 되게 하며, 고통과 상실과 패배로 괴로워하는 수많은 사람들에게 위안을 주었다. 내게 있어 '신의 죽음'과 그리스도교 세계의 교육받은 계층에서 그리스도교가 서서히 쇠퇴하는 현상은 현대 서구 역사 중 가장 깊은 의미를 지닌 비극이며, 자본주의와 공산주의 사이의 경쟁이나 세계대전보다 훨씬 더 중요하다. 내가 이것을 느낀 것은 1931년 『삶의 의미에 대하여』를 쓰면서 유럽과 미국의 저명인사들에게 하느님이 사라진 지금 인생의 의미가 무엇이라고 생각하느냐는 질문을 던졌을 때였다. 나는 1906년부터 1931년까지, 그보다 나중의 프랑스 실존주의자들처럼 온갖 의문과 고뇌와 돌이킬 수 없는 상실감을 겪었다.

나는 젊은 날에 믿었던 종교를 완전히 놓고 싶지 않아서 그 종교의 기본 교리가 철학적인 진리를 대중적으로 표현한 상징이라고 해석하려 했다. 이 해석에 따르면, '원죄'는 호전성, 성적인 문란함, 탐욕이라는 본능을 따르고자 하는, 조상 대대로 물려받은 기질이라고 고쳐서 표현할 수 있다. 이런 본능들은 인류 역사 중 사냥 단계에서는 필수적이었지만, 구성원들을 폭력, 절도, 강간으로부터 보호해 주는 조직화된 사회에서는 다양한 방법으로 그 본능들을 통제할 필요가 있다. 우리는 조상들이 지녔던 열정의 흔적을 핏속에 지니고 태어나기 때문이다. '우리의 첫 번째 조상'이 선악과를 먹었다는 이유로 낙원에서 추방된 이야기에서 나는 전도서의 어두운 경고를 예측할 수 있다. "지식을 더하는 자는 근심을 더하느니라."* 지식은 행복한 무지, 위안이 되거나 영감을 주는 많은 망상을 파괴할 수 있기 때문이다. 아담의 '죄'는 우리의 수많은 죄와 마찬가지로, 여자의 마녀 같은 짓과 그녀의 황홀한 매력에 남자가 무릎을 꿇는 바람에 생긴, 용서받을 수 있는 일로 해석할 수 있다.

나는 지금도 천국과 지옥이 다른 세계에 있는 장소가 아니라, 대개는 이생의 미덕이나 악덕과 연관된 마음의 상태라고 생각한다. 그리스도를 신성함의 화신으로 생각할 수 있는 것은, 비록 그가 어머니를 거부하고(마태복음 13장 54~58절) 지옥에 대해 지독한 말을 했지만(마태복음 13장 37~42절, 마가복음 9장 48절, 누가복음 16장 25절) 많은 사람이 실천한다면 심지어 가난조차 지상 낙원으로 만들어 줄 행동 규범을 설교했기 때문이다.

도덕적인 개념들을 그림, 이야기, 연극, 예술품으로 변환해서 인류의 비사회적인 충동들을 다스리는 데 도움을 줌으로써 도덕적인 개념들이 널리 받아들여지게 만들었다는 점에서 나는 기독교에 찬사를 보낸다. 이런 의미에서 나는 교회 지도자들을 종교적인 정치가로 생각할 수 있었다. 자신들

* 전도서 1장 18절.

의 믿음이 무엇이든, 성경과 신학과 의식을 이용해서 선천적인 야만인들을 책임감 있고 질서를 아는 시민으로 바꿔 놓았으니 말이다. 나는 때로 교육받은 사람들은 소박한 사람들에게 위로가 되는 성화들을 비판하지 않으며 교회(가톨릭, 개신교, 유대교)는 추상적인 사고를 할 수 있는 능력과 시간을 지닌 사람만 접근할 수 있는 집단과 출판물에서 생각의 자유를 방해하지 않도록 주의한다는 내용의 '신사협정'을 통해 종교와 철학이 화해하는 것을 꿈꾸곤 한다. 그리스도교 역사를 보면, 이런 협정이 실제로 얼마간 시행된 곳이 있었다. 교황 레오 10세 시절의 이탈리아, 빅토리아 시대의 영국, 슈니츨러와 프로이트 시절의 비엔나 등이다.

미국인들의 생활을 통제하려 드는 가톨릭교회와 내가 화해하려면 이와 비슷한 타협이 필요하다. 가톨릭교회는 이미 남미를 지배하고 있으며, 멕시코와 캐나다의 프랑스어권에서도 강력한 힘을 발휘한다. 미국에서는 가톨릭 신자들의 출산율이 높기 때문에 장차 가톨릭의 위상이 높아질 것이 확실하다. 프린스턴 대학의 한 학자는 1967년 4월에 "가톨릭을 믿는 주부들의 자녀 수는 그렇지 않은 주부들에 비해 21퍼센트가 많으며, 앞으로도 그럴 것으로 예상되었다."라고 보고했다.[4]

---

4) *New York Times*, April 30, 1967.

가톨릭 신자와 다른 사람들의 출산율 격차는 가톨릭 여성들의 피임 기구 사용 증가와 함께 줄어들고 있다. 하지만 교육수준이 높은 계층보다 그렇지 않은 계층에서 전반적으로 출산율이 높다는 점, 교회가 기계적인 피임 방법에 신중히 반대한다는 점, 가톨릭 신자들과 성직자들의 결속력이 강하다는 점은 가톨릭 신자들의 인구 비중이 비록 느리게라도 계속 증가할 것임을 예고한다. 미국의 많은 대도시가 이미 가톨릭의 지배를 받고 있으며, 이런 현상이 곧 많은 지방 의회에까지 번질 것이다. 2100년쯤이면 의회와 대통령까지 여기에 포함될지도 모른다. 이와 비슷한 출산율의 승리가 스위스의 프랑스어 지역과 서독에서도 일어나 칼뱅과 루터의 추종자들을 압도하고 있으며, 심지어 프랑스에서도 세력을 얻어 볼테르를 비웃게 될 가능성이 있다.

그러면 승리에 도취한 사제들은 어떤 사람이 될까? 레오 10세와 베네딕토 14세처럼 관용적인 사람이 될까, 아니면 그레고리오 7세와 인노켄티우스 3세처럼 교조적이고 오만한 사람이 될까? 오늘날 스페인이나 남미처럼 가톨릭이 최고의 지위를 차지한 곳에서 성직자들은 편협한 태도를 보인다. 반면 다른 종교나 세속 교육이나 과학의 견제를 받는 곳에서는 가톨릭 성직자들이 관용을 선호하고 필요로 한다. 하지만 과학의 특권은 모든 전례를 뛰어넘을 만큼 많은 인명을 앗아 가는 전쟁 한 번으로 무너질 수 있고, 주립 대학들의 세속 교육은 점점 가톨릭 색채가 강해지는 지방 의회에 더욱 많이 종속되어 독립성을 잃어버릴 것이다. 대통령과 의회가 가톨릭 학교와 대학도 지원하겠다고 동의할 때까지 가톨릭 세력이 미국 연방 정부의 교육 보조 정책을 붙들어 둔 것을 우리는 이미 목격했다. 이는 정교분리라는 헌법의 원칙을 명백히 어기는 행위였다. 교회 재산에 세금을 면제해 주는 것도 헌법에 위배되는 일인 듯하다. 사실상 정부가 종교에 보조금을 주는 꼴이기 때문이다. 이처럼 세금이 면제된 곳이 늘어나면, 세금을 내는 일반 국민의 부담은 점점 커지기 마련이다. 미국에서 세금을 내지 않는 교회의 재산이 빠른 속도로 늘어나고 있어서, 다음 세기가 되면 1792년에 프랑스에서 발생했던 위기(정부가 국민들의 의욕을 꺾을 만큼 높은 세금을 걷는데도 반드시 해야 하는 일을 못하는 반면, 광대한 교회 소유지는 계속 세금을 면제받는 상황)가 이곳에서 재현될지도 모른다.

어쨌든 나는 '신의 죽음'이 마크 트웨인의 죽음만큼 과장되었다고 생각한다.* 모든 사람은, 설사 쌍둥이라도, 신체적인 능력이나 정신적인 능력 면에서 불평등하게 태어나므로 모든

---

* 마크 트웨인이 예순한 살 때 《뉴욕헤럴드》가 부고 기사를 썼고, 이에 대해 트웨인은 "나의 죽음에 대한 기사는 대단히 과장됐다."라는 유머스러운 표현으로 응수했다.

자유를 없애 버릴 만큼 완벽한 독재 치하가 아니라면 지위와 재산의 불평등은 불가피한 듯하다. 게다가 그런 독재가 존재한다 하더라도 영원하지는 않다. 막간의 평화기에 생활 수준이 높아질 수는 있지만, 부유함의 혜택을 가장 누리지 못하는 나라와 계급은 (이전 세기에 비슷한 지위에 있던 사람들에 비하면 아무리 유복한 생활을 하고 있다 하더라도) 여전히 자신이 부자의 특권과 부로부터 배척당한다며 항의할 것이다.

역사적으로 이렇게 '소외된' 나라나 계층은 초자연적인 신앙에서 위안을 찾으려 했다. 신비로운 힘과 자신을 연관시킴으로써 자신의 품위를 높이고, 다른 세상에서 더 나은 미래를 맞을 수 있다는 희망으로 가난의 고통을 달랜다. 만성적인 질병, 신체적 기형, 슬픈 일 등도 가난과 마찬가지로 이런 믿음을 만들어 내는 데 기여할 수 있으며, 사회적 지위의 세습은 경제적으로 번영하는 나라에서도 그런 믿음을 유지해 주는 역할을 한다. 초자연적인 종교의 기능이 워낙 많기 때문에, 신앙에 회의를 품은 사람들은 그리스도에게서 뻗어 나오는 사랑이 강력해진 믿음의 무시무시한 편협함을 극복해 줄 것이라는 희망만을 부여잡고 종교와 화해하는 법을 터득하는 수밖에 없다.

9

재림에 대하여

1883년에 임마누엘 칸트 이후 유럽의 가장 중요한 철학자인 프리드리히 니체가 "신은 죽었다."라고 선언했다.[5] 그리고 5년 뒤 그는 역사가 "니체 이전과 니체 이후"[6]로 구분되는 시기가 올 것이라고 예언했다. 그는 그리스도교와 민주주의에 대한 자신의 공격이 치명적이며, 따라서 20세기에는 이 두 가지가 모두 사라질 것이라고 자신했다.

어쩌면 아직 그의 예언을 입증할 수 있을지 모른다. 그리

---

5) *Thus Spake Zarathustra*, New York, 1906, 4.

6) *Ecce Homo*, London, 1911, 141.

스도교 세계의 절반이 공식적으로 그리스도교를 거부했고, 나머지 절반에서는 신의 죽음이 신학자들의 주요 화제가 되고 있으니 말이다. 그리스도교 세계의 절반은 민주주의를 소박한 삶에 대한 돈의 승리를 치장하는 겉치레로 보고 거부했으며, 나머지 절반 중 라틴 지역에서는 권위주의 통치가 점차 민주주의를 대체하고 있다. 유럽과 아메리카의 거의 모든 나라가 자국의 군사적 활동과 계획에 그리스도의 윤리가 잘 맞지 않는다며, 니체의 '권력에의 의지'라는 '주인의 도덕'*을 대신 채택했다. 두 차례의 세계대전은 그리스도교에 중대한 상처를 입혔다. 만약 3차 세계대전이 벌어진다면, 그리스도교는 역사 속에서 하나의 세력으로서 끝을 보게 될지도 모른다. 니체의 시대가 시작된 것인가?

오늘날 서구인들의 영혼은 두 차례의 환멸을 겪었다. 한 번밖에 없는 인생을 사는 동안 유년기의 밝은 믿음과 청년기의 희망적인 유토피아를 잃어버렸기 때문이다. 우리에게 자극을 줄 믿음, 품위를 줄 양심, 짧은 인생에 기품을 줄 새로운 헌신을 어디서 찾을 수 있을까?

종교를 위해 처방을 내리는 것은 한 나라 전체를 고발하

---

* 니체는 모든 것을 주체적으로 결정하고 창조력을 가진 윤리관을 '주인의 도덕'이라 정의했으며, 반면 질서에 순응하는 나쁜 생활 방식을 '노예의 도덕'이라 정의했다. 그리스도교 도덕이 여기에 속한다.

는 것만큼이나 터무니없는 일이다. 비록 이데올로기의 시대에는 후자의 사례가 드물지 않았지만 말이다. 철학자들은 종교를 만들어 내거나 변화시키지 않는다. 그런 역사적 변화가 일어나려면 수많은 사람들의 깊은 갈망, 일부 성자의 도덕적 열정, 몇몇 조직 천재의 참을성 있는 타협이 필요하다. 그렇게 해서 낙담한 헬레니즘 세계에 그리스도의 메시지가 도달했고, 아직 모세의 법칙을 따르던 이 가르침을 바울이 확대해서 만인을 환영했다. 종교는 지식인들이 만드는 것이 아니다. 만약 지식인들이 만든 종교가 있다면 결코 사람의 영혼을 울리거나 대중의 마음을 열거나 오랫동안 생명력을 유지하지 못할 것이다. 만약 믿을 수 없는 요소가 하나도 없는 종교가 성공을 거둔다면 그것이 바로 믿을 수 없는 일이다. 종교가 성공하려면 상상력을 자극해야 한다. 고되고 무미건조한 삶, 고통과 패배에 무겁게 짓눌린 삶에 창조적인 믿음이 모종의 비전이나 시적인 감흥을 얹어 주어야 한다. 종교는 과학적 명제의 집합이 될 수 없다.

하지만 종교가 사람의 마음을 부드럽게 녹이고, 용기와 양심과 자선을 자극하고, 강자가 약자에게 조금 더 관용을 발휘하게 하고, 경쟁의 엄격함과 전쟁의 잔혹성을 조금 줄여 주기를 바랄 수는 있다. 진정한 진보는 도덕적 발전밖에 없으므로, 이런 목표에 충실히 매진하는 종교는 (다른 조건이 모두 동등하다면) 당쟁과 전쟁을 일삼는 세상에 가장 이로운 믿음이자 해독제가 될 것이다.

그리스도의 도덕적 가르침을 통해 그리스도교는 바로 이런 종교를 제공해 주었다. 기억을 잘 뒤져 보면, 우리가 어려서부터 믿어 온 신앙에서 우리를 자극한 것이 교리가 아니라 그리스도의 이야기와 윤리임을 알 수 있을 것이다. 그리스도는 모두를 형제처럼 대하라고 채근했고, 언뜻 불가능해 보이는 이 이상을 실천하는 삶을 보여 주었다. 현대인을 위해 이 믿음의 개략적인 내용을 더 훌륭하게 다듬는 것이 가능하기나 할지 상상이 가지 않는다. 철학과 믿음 사이에서 온갖 정신적 모험을 거친 그리스도는 지금도 역사상 가장 매력적인 인물이다. 우리에게 필요한 것은 새로운 종교라기보다는 과거 종교의 기본과 소박함으로 돌아가는 일이다. 세계 어디서나 사람들로 하여금 그리스도에게 관심을 갖게 만들기는 쉬운 일이었으나, 그리스도교가 신학적으로 갈라져 있는 상황에서 사람들을 계속 붙잡아 두기는 힘들었다. 온 세상 사람들은 사람들 사이에 선의가 있을지 모르고, 국가들 사이에 평화가 있을지 모른다며 죽어 간 남자의 이야기에 기쁘게 귀를 기울인다. 오늘날 세상이 달리 또 무엇을 갈망하겠는가?

우리 "비전을 보고 꿈을 꾸자." 나는 그리스도교의 대형 종파들이 차례로 열성적인 모임을 갖고, 그리스도교를 '그리스도의 도덕적 이상을 진지하게 받아들이는 곳'으로 다시 정의하며, 인종과 믿음을 막론하고 이 이상을 각자의 행동과 발전을 위한 시련이자 목표로 기꺼이 받아들이는 모든 사람을 환영하는 모습을 그려 본다.

수많은 교회의 문 위에, 적어도 미국에서는 절과 회교 사원의 문 위에도 이런 환영의 말이 새겨져 있는 모습 또한 상상해 본다. 이슬람은 이미 오래전부터 그리스도를 최고의 예언자 중 한 명으로 받아들였고, 유대교는 그리스도가 동포임을 자랑스럽게 다시 인정할 것이다.(실제로도 맞는 말이다.) 사람들이 그리스도를 증오와 종교 재판의 상징이자 대표로 내세우지만 않으면 그렇다는 말이다. 나는 지금 신학을 버리라고 말하는 것이 아니다. 구성원 각자가 자기만의 신학이나 철학을 자유로이 구성하거나 유지하고, 동료들에게도 같은 자유를 허용해 주는 집단을 꿈꾸고 있다. 만약 이것이 비현실적인 이야기로 들린다면, 종교적으로나 정치적으로 다양한 믿음을 지닌 사람들이 포함된 공제회나 서비스 단체의 성공, 그들의 기업 정신과 의식(儀式)을 생각해 보라. 이런 형제애를 세속적인 단체에서만 실천하고, 교회는 배제할 것인가?

비슷한 방식으로 독립성과 다양성을 유지하되, 전체 모임에서는 해가 갈수록 공통의 도덕적 요소를 더욱더 강조하는 종파들의 의식도 상상해 본다. 사람들이 원한다면 자기들이 신봉하는 신학의 시적인 해석이나 상징적인 해석을 허용하고, 단합을 위해 매주 한 번씩 함께 모여 식사하는 전통을 되살리고, 자기들의 꿈에 실체와 색채를 부여하기 위해 중세 때처럼 모든 예술에 영감을 불어넣는 방법들이 있다.

그리스도의 윤리를 설교하는 여러 종파들의 대연합도 생각해 본다. 교회는 새로운 연합에서 힘을 얻어 괴상한 사이비 종교와 국수주의적 열정에 맞서 경쟁할 준비를 갖출 수 있을 것이며, 미국과 유럽에서 모든 인종 집단을 하나로 묶을 것이고, 사람들이 문명을 위협하는 부패와 폭력에서 벗어날 수 있게 도덕 규범을 제공해 줄 것이다. 우리는 이런 그리스도교가 부처와 카비르,* 노자와 가가와,** 플라톤과 제논, 스피노자와 아인슈타인, 제퍼슨과 프랭클린, 링컨과 휘트먼, 톨스토이와 타고르 같은 사람들을 끌어당길 수 있을 것이라고 믿는다. 지식인 계층이 신전으로 되돌아오는 모습도 보인다. 그들은 소박하기 짝이 없는 신자들과 다시 어울리게 된 것을 반가워하고, 다양한 생각을 지닌 사람들과 영혼의 공동체를 느끼며 행복해하고, 믿고 따를 수 있는 것을 다시 찾게 된 것, 모든 세대가 반대하더라도 결코 죽지 않는 이상을 온 마

---

* 15세기 말의 힌두교 개혁자.
** 가가와 도요히코(賀川豊彦, 1888~1960): 일본의 목사이자 사회 운동가.

음으로 기리게 된 것을 기뻐할 것이다.

인간들이 대규모로, 또는 가까운 미래에 산상수훈*을 삶의 실제 규칙으로 삼을 것이라고는 기대할 수 없으므로, 그리스도교를 그리스도 원칙의 실천으로 정의한다면 비현실적인 완벽주의에 빠져드는 꼴이 되지 않을까? 분명히 그렇다. 따라서 그보다는 그리스도교를 '그리스도의 원칙을 진심으로 받아들이는 것'으로 정의하고자 한다. 어쩌면 그리스도는 산상수훈을 일반 신도용이 아니라 자신의 제자들용으로 설교한 것인지도 모른다. 그 외의 사람들에게는 우리가 모든 사람을 형제로 대하려고 끈질기게 노력하며, 최선을 다할 것이라고 약속하는 수밖에 없다. 그리스도교가 우리에게 요구하는 것도 이것뿐이다. 모든 사람에게서 성자 수준의 이타심을 끌어내려 한다면 그리스도교는 영원한 위선이라는 저주를 받게 될 것이다.

평화와 선의의 복음을 설교하는 사람들조차 주님의 가르침을 문자 그대로 실천할 것이라고 기대할 수 없다. 그리스도도 지옥을 이야기하는 순간 자신의 가르침을 제대로 지키지 못했다. 우리는 성 프란체스코나 스피노자나 라마크리슈나**

---

* 마태복음에 나오는 예수의 산상설교. '~하는 자는 복이 있나니.'로 이어지는 여덟 가지 항목을 서두로 하여 사회적 의무, 자선 행위, 기도, 금식(禁食), 이웃 사랑 등을 가르친다.

** 19세기 인도의 신비주의적 종교가. 모든 종교에서 신에 이르는 길은

같은 많은 성자들이 도덕적인 믿음을 지켰다고 여기지만 우리 중 많은 사람에게 그런 도덕성을 기대할 수 없다는 것 또한 잘 알고 있다. 기껏해야 우리의 스승들과 지도자들이 그리스도교 규범을 가르치는 일에 망설임을 보이지 않을 것이며, 필요하다면 호화로운 단상을 떠나 그리스도처럼 대로와 샛길을 다니며 설교할 것이라고 가정할 뿐이다. 우리는 또한 교회가 힘을 얻고 정화되면 학문과 출판과 발언에서 생각의 자유를 존중해 줄 것이며, 예언자와 성자뿐 아니라 현자와 모반자와 시인 사이에서도 선하고 아름다운 것이 빛을 낼 수 있음을 인정해 줄 것이라고 믿는다. 이 새로운 교회는 모든 종족의 가장 감동적인 생각과 행동에 대한 기록이 쌓여 두 번째 성경으로 만들어지는 것을 반가이 받아들일 것이다. 역사 속 도덕 영웅들의 이야기를 기록할 새로운 플루타르크는 누가 될까?

우리의 자존심과 편견, 무서운 증오와 반항적인 무지가 이 꿈에 방해가 된다는 것을 우리는 알고 있다. 그래서 유한한 생명을 지닌 자들의 눈앞에서 예수의 재림이 일어날 것이라고 기대하지 않는다. 하지만 꿈의 부분적인 성취는 이미 시작되었다. 미국과 유럽에서 수천 명의 성직자들이 그리스도의

같다고 주장했다.

그리스도교를 열성적으로 실현할 준비가 되어 있는 것이다. 그들의 발목을 잡고, 조상에게서 물려받은 정통파 교리를 고집하며, 우리와는 다른 신념을 지닌 사람들과 같은 신도석에 앉기를 머뭇거리는 사람은 바로 우리 평신도들이다. 이런 우리 때문에 그리스도교는 전쟁의 신에게 맞서서 믿음을 지키기 위해 일어서야 하는 바로 그 순간에 분열되고 약한 모습을 보인다.

우리는 지도자들에게 용기를 주어, 그들이 우리를 이끌며 그리스도가 쉽게 알아볼 수 있는 그리스도교를 재창조할 수 있게 해 주어야 한다. 우리 모두 모든 찬송가 중 가장 그리스도교적인 노래를 최대한 겸손히 그들에게 바치자. 그 어떤 시인보다 강한 영감을 받은 작사가는 이 노래에서 누구보다 그리스도의 가르침을 잘 따르는 자에게 다음과 같이 말했다.

나의 영혼을 그대에게 친애하는 형제여……
그대를 기쁨이라 칭하노니, 오 나의 동지여, 그대에게 인사하고,
　그대와 함께 있는 사람들에게도 인사하네, 전에도 앞으로도,
　앞으로 올 사람에게도,
우리가 함께 애써 똑같은 힘을 물려주리니,
우리는 나라와 시대에 상관없이,
모든 대륙, 모든 계급을 감싸고, 모든 믿음을 허용하리라,

연민과 감수성, 사람들과의 관계,

우리는 불화와 강한 단언 속을 조용히 걷지만 불화하는 사람도

　사람들이 단언하는 말도 배척하지 않는다,

고함과 시끄러운 소리가 들리고, 사방에서 분열, 질투,

　받아치기가 우리를 향해 손을 뻗는다,

그들이 단호히 우리를 에워싸고 죄어든다, 나의 동지여,

그래도 우리는 구애받지 않고 자유로이 지상을 걸어

　시간과 여러 시대 위에 지울 수 없는 흔적을 남길 때까지

　온 땅을 여행할 것이다,

앞으로 오랫동안 모든 종족의 사람들이 지금 우리처럼

　형제이자 연인으로 증명될 것이라는 말로 모든 시대를

　흠뻑 적실 때까지.

10

종교와 도덕에 대하여

    종교와 도덕을 정의해 볼까? 역사적으로 '종교'는 초자연적인 힘을 숭배하는 것이었다. 웹스터 사전은 도덕을 "인간의 올바른 행동 원칙이나 이상에 일치하는 성질"이라고 정의한다. 하지만 어떤 이상이 올바른지 누가 정할 수 있을까? 개인들이? 무모한 사람들이 자신의 양심에 부합하는 행동을 올바른 것으로 정의하려고 시도한 적이 있지만, 그렇게 따지면 카사노바와 사드 후작도 도덕적이었다. 그들이 많은 여성을 유혹하거나 때린 것은 자신이 천명한 이상에 따른 행동이기 때문이다.

    물론 도덕을 뜻하는 'moral'은 라틴어로 '관습'을 뜻하는

mos, moris에서 유래했다. 어떤 시대, 어떤 장소에서 무엇이 도덕적인지 결정하는 것은 사회적인 관행, 관습, 또는 그 집단에서 우세한 힘을 발휘하는 기준이라고 할 수 있다. 개인적으로 나는 '도덕'을 집단이 생각하는 공적인 이익과 개인의 행동이 일치하는 상태라고 정의한다. 여기에는 사회 조직과 그 대가로 공동체의 요구에 기꺼이 자신을 맞추려고 애쓰는 개인의 의지가 개인의 삶, 자유, 성장을 좌우한다는 사실을 개인이 인정하고 받아들인다는 뜻이 암시되어 있다.

이 정의를 기반으로, 교회는 자신이 없어서는 안 될 도덕의 보루라는 인상적인 주장을 펼칠 수 있다. 먼저 현재 서유럽과 미국에서 도덕이 느슨해진 것은 일차적으로 신앙의 쇠퇴로 인한 것이라고 주장한다. 그리고 이런 붕괴 현상을 야기한 용서할 수 없는 범인으로 18세기 철학 학파들과 그 이후 교회에 대한 공격에 동참한 그들의 수많은 지식인 후손들을 꼽는다. 어떤 추기경이 노한 목소리로 불신자들을 호되게 질책하는 모습이 눈에 보이는 듯하다.

무지한 멍청이들 같으니! 언제 철이 들어서 개인의 안정과 생존이 사회 질서의 선물임을 이해할 텐가. 사회 질서는 오로지 가정, 학교, 교회의 영향을 통해서만 유지될 수 있고, 그 어떤 법률이나 경찰도 부모, 스승, 사제가 가르치는 도덕규범을 대신할 수 없으며, 사람을 사람답게 만들고 보호해 주는 이런 기관들을 공격하는 것은 인간의 가슴속에 어른거리는 개인주의적이고 무질서하고 야만적인 충동에 맞서 수백 년 동안 피땀과 지혜로 쌓아 온 제방의 기반을 파서 무너뜨리는 행위임을 언제 이해할 텐가? '해방된' 젊은이들이 부모의 권위를 거부하면 어찌할 것인가? 젊은 무뢰한들이 학교 선생님들의 일상을 고통으로 얼룩지게 하고, 종교 지도자들을 조롱하며 깎아내리고, 삶을 지탱해 주는 그리스도교 교리가 약화되고, 공직자들은 자신의 부패 행위를 향해 미소를 짓고, 범죄 조직이 경찰이나 법원보다 더 커다란 힘을 지니고, 문학과 연극이 성적인 자극으로 사람을 미쳐 날뛰게 하고, 성에 미친 남자들 손에 딸들이 강간당하거나 유혹당한 뒤 버림받고, 밤이면 강도나 폭행이나 암살이 무서워 감히 거리를 걸을 수 없는 세상인데. 당신들이 할 수 있는 일은 하나뿐이다. 회개하고 교회로 돌아와 자식들의 머릿속에 그리스도의 사랑과 살아서 분노하는 하느님에 대한 두려움을 넣어 달라고 간청하는 것.

심금을 울리는 주장이다. 나 역시 교회에 돌을 던진 적이 있지만, 지금은 신앙을 덜어 낸 도덕규범만으로 반사회적인 충동을 통제할 수 있을지 전혀 자신이 없기 때문이다. 혹시 나도 '용서받을 수 없는 범죄자'이자 '무지한 멍청이'였던가?

내가 『신앙의 시대』와 『종교 개혁』에서 가톨릭교회에 공정한 태도를 취하려 노력했다고 호소해 볼 수는 있을 것이다. 나는 『볼테르의 시대』에서 그리스도교에 대한 공격 이야기에 799쪽 중 182쪽을 할애했다. 그 공격이 18세기의 사건 중 가장 중요한 것, 가장 넓고 깊고 지속적으로 영향을 미친 것이었기 때문이다. 하지만 에필로그에서는 상당히 연민 어린 태도로 교회를 옹호하는 주장을 펼쳤다. 내가 과연 교권에 반대하는 영웅인지, 아니면 버려진 이상에 대해 비밀스러운 애정을 품은 연인인지 나 자신도 명확히 마음을 정할 수 없었다.

교회의 이상이 버림받은 것은 그 이상이 스스로 자기를 버렸기 때문이다. 교회는 예수의 비길 데 없는 윤리 위에, 사도 바울의 주장을 그대로 답습했지만 그리스도 본인은 잘 모르는 엄청난 교리로 이루어진 복잡한 구조를 덧씌웠다. 인간의 정신을 묵직하게 짓누르며, 국민들을 감옥에 가두거나 재산을 몰수하거나 사형에 처할 수 있는 국가의 권력을 이용해서 독자적인 생각을 질식시킬 태세를 갖춘 종교 경찰과 조직이라는, 어디에나 존재하는 몽마 같은 존재 또한 그 위에 덧씌웠다. 방방곡곡에 퍼져 있는 사제들과 수녀들은 그리스도교 윤리를 여전히 기억하고 있었지만(실제로 실천하는 사람도 많았다.) 고위 성직자들은 모든 공격에서 안전한 무오류의 권위를 얻으려는 욕망에 휘둘려 그 윤리를 잊어버리고 말았다.

교회는 평화의 왕자*와 더불어 시작되었다. 그는 베드로에게 칼을 검집에 다시 넣으라고 명령한 사람이었다. 하지만 그 뒤로 교회는 프랑스의 알비파(派)와 스페인의 유대인들에게 칼, 창, 총을 휘두르는 전사가 되어 버렸다. 나사렛의 비천한 목수가 있던 자리는 웬만한 황제들보다 호화로운 궁전을 지닌 교황의 차지가 되었다. 교황이 손에 쥔 재산 역시 웬만한 나라들보다 많았다. 억압자와 피억압자 사이에 분쟁이 일어나면 고위 성직자들은 거의 항상 억압자를 지지하고 피억압자를 억압했다. 인본주의자들과 박애주의자들이 인간의 정신과 농노를 해방하는 데 성공을 거두자 대담해진 사람들은 이제 교회의 교조적이고 반계몽주의적이고 편협하고 반동적인 권력을 길들여야 한다고 주장하기 시작했다.

그렇다면 교회의 위세가 약해진 것이 도덕 쇠퇴의 가장 큰 원인인가? 그렇지 않다. 교회의 세력 약화는 많은 요인 중 하나일 뿐 가장 중요한 요인은 아니다. 우리의 도덕이 '부패'하는 데 가장 널리 기여한 최고의 요인은 바로 산업 혁명이다. 이 경제적인 격변의 거의 모든 측면이 도덕에 영향을 미쳤다. 다음의 사례들을 보자.

---

* 예수 그리스도.

1 예전에는 시골에서 주민들이 서로를 감시하며 살았으나 지금은 도시의 대중 속에 개인이 몸을 숨길 수 있게 되면서 이웃의 의견이 지닌 힘으로 개인의 행동을 규제하던 시대가 거의 끝나 버렸다.

2 농촌에서는 1900년까지 가족이 경제 생산의 기본 단위였으며, 경제 활동을 이끄는 지도자로서 아버지의 지위와 가족 간의 단결이 아버지의 권위를 강화해 주었다. 그러나 산업 사회에서는 기업과 피고용인이 생산 단위가 되고, 식구들은 일자리를 따라 뿔뿔이 흩어진다. 또한 아들이 경제적으로 아버지에게서 독립하면서 부모의 권위가 경제적인 기반을 상실한다.

3 농촌 젊은이는 생물학적으로 성숙하는 시기(즉 자식을 가질 수 있게 되는 나이)와 거의 동시에 경제적으로도 성숙해졌다.(즉 아내와 자식을 부양할 수 있었다.) 따라서 그들은 결혼을 일찍 했으며, 현대 산업 사회에 비해 혼전 금욕도 그리 어렵지 않았다. 그러나 산업 사회에서는 경제적으로 성숙하는 시기가 늦어지면서 결혼도 늦어져 금욕이 힘들어졌다.

4 농촌에서 아내는 조력자이자 경제적인 자산이었다. 아이들도 다섯 살이 넘으면 경제적인 자산이 되었다. 따라서 결혼을 미루거나 피임을 할 이유가 지금보다 적었다.

5 결혼이 늦어지고 자녀 수를 제한하기 시작하면서 피임

에 관한 지식과 피임 도구들이 널리 퍼지자, 혼외 관계로 인해 제재를 받을지도 모른다는 두려움 또한 사라졌다.

6 산업 사회에서 기업들과 개인들 사이의 경쟁으로 이윤 동기를 비롯한 여러 개인주의적인 본능들이 강화되고, 상업 활동에 대한 도덕적 규제가 힘을 잃었다.

7 향상된 생산 방식과 유통 방식이 부를 낳으면서, 수많은 사람들이 조상들은 엄두를 낼 수 없었던 도덕적 모험에 탐닉할 수 있게 되었다.

8 통신과 교통의 발달로 각 지역의 부도덕과 무질서가 널리 알려지게 되었으므로, 이에 자극을 받은 다른 지역들에서도 비슷한 일탈이 나타난다. 기술의 발달은 또한 범죄자들의 모의와 도주도 용이하게 해 주었다.

9 교육의 확산은 더 많은 사람들이 범죄에 빠져드는 것을 막았을 뿐만 아니라, 시대와 지역에 따라 다양하게 나타나는 도덕규범과 그 인간적인 기원을 새로운 세대에게 널리 알리는 역할을 했다. 따라서 조상 대대로 물려받은 규범의 힘이 약해지고, 과거 신성시되던 그 규범의 기원에 대해서도 많은 의구심이 쏠리게 되었다.

10 기술이 전쟁을 확대하고 탈개인화했으며, 인류의 살상 능력 또는 파괴 능력을 엄청나게 향상시켰다.

산업 혁명에 버금가는 도덕 변화의 원인은 바로 현대전(戰)이다. 예전과는 성격과 빈도가 달라진 현대전을 위해 많은 젊은이들이 치명적인 무기를 사용하는 법, 열정과 양심을 갖고 살인하는 법을 훈련한다. 그들은 전쟁터에서 살아남아 민간인으로 돌아온 뒤에도 전쟁터의 습관과 기질 중 일부를 여전히 갖고 있기 때문에 풍요로운 사회에서 가난하게 사는 삶을 잘 견디지 못하고, 훈련소와 전쟁터에서 습득한 기술과 원칙을 도시 생활에 적용한다. 군인 계급의 지위와 영향력이 점점 커지고, 도덕적인 배려에서 자유로운 군사적 사고가 정부와 사람들에게 영향을 미친다. 그래서 거짓말이 국가의 주요 산업이 된다. 뉴스와 역사에는 그때그때 바뀌는 적과 경쟁자에 대한 증오가 끼어든다. 국가주의가 도덕을 타 넘고, 사회 개혁을 뒤로 미루고, 교회보다 더 강력한 종교가 된다.

오래전부터 친숙한 사실들을 이렇게 나열하다 보면, 종교와 철학 사이의 갈등으로 신앙이 힘을 잃지 않았어도 도덕은 변했을 것이라는 결론이 나온다. 확실히 과거의 도덕규범은 농경 사회에 맞게 조정된 것이었으므로 현대 산업 사회에 적용하려면 많은 수정이 필요했다. 따라서 이제부터는 도덕의 쇠퇴라는 말 대신 도덕의 변화라는 말을 써야 한다. 지금 우리 시대는 개인의 자유가 사회의 안정, 여성의 보호, 개인의 안전 및 재산의 안전과 어디까지 조화를 이룰 수 있는지 알아

보기 위해 스스로 위험을 무릅쓰고 실험 중이다.

  이런 변화는 과도기적인 혼란과 무모하고 극단적인 행동을 야기할 수밖에 없지만, 극단주의자들은 스스로 온건해지는 경우가 많고, 혼란은 오히려 새로운 형태의 규율을 촉진시키는 역할을 할 수 있다. 국민들에게 2년간의 병역 의무를 부과하자는 제안이 이런 새로운 규율이 될 수 있지만, 권위적인 정부가 출현하는 계기가 될 수도 있다. 우리의 젊은 무정부주의자들(구제 불능의 범죄자들은 제외)이 경제적으로 자리를 잡은 뒤 지적으로도 성숙해져서 인간의 한계와 본성에 대해 어느 정도 알게 된다면, 십중팔구 산업 사회와 가정의 규율에 스스로 적응할 것이다. 오늘의 급진주의자들이 내일은 자유주의자가 되고, 노년에는 겁먹은 보수주의자가 될 것이라는 얘기다. 인생을 사는 것처럼 사는 사람치고 그 누가 젊은 시절에 반란을 꿈꾸지 않겠는가?

  확신할 수는 없지만, 미국이 정교분리에도 불구하고 거의 200년 동안 안정적인 정부를 유지해 왔으므로 산업에 기반한 우리 사회가 점차 세속의 윤리를 발전시킬 것이라는 희망이 터무니없지는 않을 것 같다. 만약 빈곤이 지금보다 줄어들고 교육이 더욱 확산된다면, 이 세속의 윤리는 종교 도덕 못지않게 효과적으로 기능할 것이다. 지난 세대들이 우리 세대보다 훨씬 더 도덕적이었다고 상상하는 짓은 그만두어야 한다. 역사학자들의 연구 결과도 그렇고, 어느 시대나 장로들은 젊은 세대가 사탄의 종이 되었다고 생각했다. 억압적인 위계 구조에서 벗어난 우리가 지금의 위태로운 자유를 버리고, 애정은 있지만 전제적인 교회의 자궁 속으로 도망쳐 정신적인 고요를 찾으려다 질식하는 사태가 벌어져서는 안 된다.

나는 1917년에 출간한 책에서 소크라테스의 주장을 옹호하여 지성이 최고의 덕목이며 지적인 교육이 자연스러운 도덕의 기반이 될 수 있다고 쓴 부분을 읽으며 자부심과 즐거움을 느껴 왔다. 데이비드 흄과 애덤 스미스가 분석한, 도덕 감정에서 공감이 수행하는 역할을 내가 과소평가했음을 고백해야겠다. 욕망, 본능, 열정이 인간의 행동은 물론 심지어 인간의 이성조차 뒤에서 좌우하는 힘임을 이제 알 것 같다. 하지만 나는 지성을 '효과에 대한 예측'으로 욕망을 조절하는 것, 상황을 좀 더 완전히 인식해 적절한 반응을 할 수 있게 해 주는 지연 반응으로 정의한다. 지성은 행동의 원천이 아니라 원천들의 조화롭고 효과적인 결합을 의미한다.

이러한 지성을 가르치기는 어렵지만 불가능하지는 않다. 배우는 사람의 정신이 어느 단계인가에 따라 가르치는 수준이 달라질 뿐이다. 사회의 안정과 도덕적인 규제가 개인의 안전을 위한 선행 조건이라는 것, 도덕적인 자제가 개인의 발전과 자아실현을 가장 확실하게 보장해 주는 방법이라는 것을 젊은이들에게 이해시키기가 불가능할 것 같지는 않다. 사실 교육 수준이 가장 높은 계층에서 범죄와 부도덕 행위가 가장 적게 나타나는 것이 일반적이다. 교회가 초자연적인 규범을 신자들에게 가르치는 데 쏟는 만큼의 시간과 관심을, 자연스러운 윤리를 가르치는 데 쏟는다면 어떤 변화가 일어날지 상상해 보라.

유치원부터 대학원 박사 과정에 이르기까지 모든 교육 기관에서 일주일에 한 시간씩 도덕을 가르치게 하라. 처음에는 간단한 입문서로 시작해서, 학년이 올라갈수록 점점 복잡한 교과서를 사용해 나중에는 품행이 방정한 철학자, 성직자, 실무자들이 쓰고, 설교에 알러지가 있으며 말을 선명하게 전달하는 재능이 있는 사람들이 고쳐 쓴 고급 논문까지 이르는 과정이다. 사상과 인생이라는 면에서 도덕적인 지도자였던 인물들, 즉 공자, 부처, 소크라테스, 예수, 아시시의 성 프란체스코, 마이모니데스,* 스피노자, 플로런스 나이팅게일, 슈바이처 등의 재미있는 전기도 수업에 끼워 넣으면 인간적인 분위기가 형성될 것이다. 나는 모든 교회가 매주 한 시간씩 종교를 막론하고 모든 사람을 기꺼이 받아들여서, 세속적인 세상에서도 그리스도의 이상에 도달할 수 있는 현실적인 방법들

---

* 유대 철학자이자 의사로 구약 성경을 합리적으로 해석하려 했다.

을 토론하는 모습을 꿈꾼다. 세대가 거듭될수록 교육 수준이 점점 높아진다면 도덕 수준 또한 높아지리라고 믿어도 무리가 없을 것이다.

그래도 도덕주의자들은 결코 만족하지 못할 것이다. 도덕은 본성에 어긋나는 부자연스러운 것이기 때문이다. 우리는 도시와 사무실과 공장의 기계적인 삶보다는 숲과 들판에서 사냥하며 사는 삶에 더 잘 어울리는 성질을 선천적으로 지니고 있다. 하지만 작금의 상황을 보면 도덕과 문명이 하나이므로, 도덕의 쇠퇴라는 문제를 반드시 해결해야 한다.

11

도덕에 대하여

앞 장의 내용을 바탕으로 나는 우리의 도덕적 '쇠퇴'가 자연스러운 것이라는 결론을 내린다. 예전의 청교도적인 도덕 규범은 농경 사회와 시골 환경이라는 기반을 모두 잃어버리고, 시행착오로 값비싼 대가를 치르면서 지금의 산업과 기술에 더 잘 맞는 새로운 규범으로 진화하는 중이다. 이런 변화의 배경을 이루는 것은 도시 또는 근교 도시의 생활, 길어진 청소년기, 가족의 규모 감소, 고등 교육, 종교적 회의(懷疑), 자유 언론, 대량으로 출판되는 책, 범위가 넓어지고 속도도 빨라진 교통 통신, 편안한 문명의 이기와 기회와 부가 그 어느 때보다 폭넓게 확산된 상황 등이다. 이런 조건들이 혁명적이고 대담한 변화들을 불러냈고, 젊은이들은 그 변화에 정면으로 맞닥뜨렸다.

이런 변화들에 대해 판단하기 전에, 먼저 기존 질서에 반발하는 것이 젊음의 본성이자 기능이자 의무임을 다시 상기할 필요가 있다. 여기에 맞서 저항과 견제로 균형을 맞추는 것은 노인의 임무이고, 안정과 자유, 정체와 실험 사이에서 실용적인 타협안을 찾아내는 것은 중년의 임무다. 만물은 물처럼 흐른다. 그래서 환경도 항상 변하고, 과거의 조건에 뿌리를 둔 노인들은 내적인 조정만으로 외적인 변화를 맞이할 능력이 없다. 아직 다 완성되지 않은 젊은이들은 세습적인 것에 변형을, 모방과 전통에 혁신을 추가할 수 있다. 그러다 잘못되더라도 대개는 발판을 회복할 시간이 남아 있다. 나이 든 사람들은 변화의 타격과 바람을 맞는 것이 자신의 몸과 영혼이 아니라는 사실을 고맙게 생각해야 한다.

나는 대체로 과거의 규범에 매달리는 편이지만, 젊은이들에게도 그런 태도를 기대하지는 않는다. 젊은이들이 춤을 춘답시고 몸을 부르르 떨고, 경련을 일으키고, 서로 쿵쿵 부딪치는 모습을 보면 내 몸이 부르르 떨린다. 그래서 나는 창조 이전의 혼돈이 남긴 유물을 보듯이, 그들의 음악과 예술로부터 도망친다. 그들의 거친 말 앞에서는 귀를 막고, 보헤미안 기질 역시 하나의 관습이며 겉치레임을 그들이 깨닫기를 초조하게 기다린다. 그들이 기존 규범에서 벗어난 행동에 자부심을 느끼는 태도에서 자신의 내적인 가치에 대한 은밀한 회의가 드러난다는 사실을 깨닫기 바란다. 나는 그들에게 갤러해드 경*처럼 순수해지라고 조언하고, 선배들의 천박한 조롱을 세련된 태도로 맞받아칠 수 있다면 금욕으로 인해 손해를 볼 일은 없을 것이라고 확언한다. 하지만 그들이 내 말을 진지하게 받아들이지 않더라도 놀라지는 않는다. 몸이 생물학적으로 성숙해지는 시기와 젊은이가 경제적으로 성숙해지는 시기 사이의 간격이 커지면서 혼전 성관계에 관한 규범이 새로이 바뀌었기 때문이다.

갖가지 호르몬이 몸속에서 날뛰고 있는 사춘기 소년은 자신과 비슷하게 안달하는 소녀의 도움을 얻어 발기를 가라앉히면 왜 안 되느냐고 묻는다. 나는 그런 2인 작전으로 인해 마음씨는 착하지만 부주의한 처녀가 성병에 걸리거나, 임신 때문에 위험한 낙태를 시도하거나, 서둘러 결혼했다가 후회하게 되거나, 사근사근한 태도로 고작해야 하룻밤 잠잘 곳이나 구하는 생활을 하게 될지도 모른다고 소년에게 경고한다. 그리고 신사라면 자신의 순간적인 행동으로 인해 결혼 시장에서의 가치와 사회적 지위가 손상될 수 있는 젊은 숙녀와의

* 원탁의 기사 중 한 명.

성교를 자제할 것이라고 주장한다. 나는 세상을 살면서 많은 거짓을 접하게 될 것을 알면서도 정직을 가르치는 것이 유용한 것처럼, 혼외 관계를 말리는 것이 현명하다고 지금도 믿고 있다.

우리의 선조들은 젊은이들에게 금욕을 권하는 데 있어서 침묵과 은폐 정책을 채택하는 것 외에 더 나은 방법을 찾아내지 못했다. 이 때문에 많은 위선이 저질러졌지만, 성적인 자극을 줄여 주는 데는 십중팔구 효과가 있었을 것이다. 혼전 규제를 젊은이들이 참을 수 있었던 것도 이런 방침 덕분이고, 18세기 사회의 매력 중 하나인 에두른 행동과 말, 세련된 예의가 남녀 관계를 장식하게 된 것도 이런 방침 덕분이었다. 오늘날 우리는 정반대의 방침을 채택하고 있다. 영화, 연극, 정기 간행물, 책을 통해서 젊은이들의 마음과 면전을 향해, 정상적인 것이든 비정상적인 것이든 가리지 않고 수많은 성적인 암시를 던지고 있는 것이다. 많은 사람에게 돈을 벌어 주는 이런 자유에 규제를 가하자고 감히 제안하는 사람은 드물다.

현대에 들어 자유가 한껏 대접을 받으면서, 부모들은 자녀의 배우자를 선택하는 일에서 밀려났다. 이제는 이혼이나 죽음에 이를 때까지 함께 묶일 상대를 자유로이 고른다. 그리고 이 선택에서 가장 큰 역할을 하는 것은 청년의 성적인 갈망 때문에 크게 확대된 처녀의 신체적 매력이다. 처녀는 구혼자의 경제적 전망을 고려함으로써 두 사람의 관계에 리얼리즘의 색채를 가미한다. 요즘의 약혼에는 대개 성적으로 친밀한 관계가 포함되는데, 이런 친밀함은 무심함을 낳기 때문에 많은 젊은이들이 약혼을 깨고 자유로이 새로운 땅을 탐험하러 나간다. 나는 부모들이 자녀들의 결혼 생활 초기에 경제적인 보조를 해 주다가 점차 액수를 줄여 가는 방식으로 자녀들의 경제적 사춘기를 다소 줄여 줄 필요가 있다고 믿는다. 다만 자녀들에게서 부모의 동의 없이는 결혼하지 않겠다는 다짐을 먼저 받아 내야 할 것이다. 부모의 권위를 회복하기 위해서는 경제적인 기반이 필요하다.

나는 이혼에 대한 가톨릭의 시각에 계속 미련을 갖고 있다. 가톨릭은 개인적으로나 국가적으로 극단적인 필요성이 있을 때만 결혼 무효를 허용한다.(후계자가 될 사내아이를 낳아 왕위 승계를 순조로이 이룰 수 있도록 재혼을 허락해 달라는 헨리 8세의 요청을 교황 클레멘트 7세가 거절한 것은 값비싼 실수였다.) 나는 대부분의 사람들이 이혼 이후 예전과 마찬가지로 격심한 어려움을 겪는다고 믿는다. 첫 번째 결혼이 깨지는 데 한몫했던 성격이 두 번째 결혼에서도 바뀌지 않기 때문이다. 솔직히 두 사람이 같은 집이나 같은 방에 오랫동안 함께 있다 보면(허구한 날 똑같은 얼굴과 똑같은 실내 풍경을 보아야 한다.) 우리의 적응력이 부자연스러운 압박을 받게 마련이다. 하지만 결혼을 쉽사리 깨면 그와 더불어 인생도 조각나고, 자녀들은 심리적으로나 경제적으로 어려움을 겪게 된다. 그리고 이혼으로 문제가 해결되기보다는 오히려 더 많은 문제가 생기는 경우도 많다. 그러니 결투 현장에서 도망쳐 다른 결투장에 모습을 드러내느니, 원래 싸우던 곳에서 끝까지 싸우는 편이 더 낫다. 우선 타협책을 찾아낼 가능성이 적지 않고, 수년에 걸친 관계와 책임감과 배려가 두 사람을 결합시켜 조용한 사랑이 지속적으로 이어질 가능성도 있다. 에어리얼과 나도 수없이 다투었지만 실생활과 글을 통해 갈라진 부분을 어찌어찌 수선할 수 있었다. 그렇게 67년을 살고 나니 지금은 유쾌한 평화를 즐기며, 청춘의 사랑보다 훨씬 깊은 애정을 서로에게 느끼고 있다.

오늘날 아이를 낳는 일이 다시 유행을 타는 것은 도덕적인 면에서 건전한 요소다. 지구에 인구 과잉을 빚어내라는 뜻이 아니다. 아이 셋이면 각자의 몫을 충족하면서, 또한 한 명을 잃을 경우를 대비할 수 있을 것이다. 그 외에는 배우자나 자신의 건강을 해치지 않는 선에서 피임을 할 수 있다. 물론 가족계획은 금욕을 통한 것이라도 부자연스러운 일이다. 하지만 그렇게 따지자면, 걷기나 뛰기를 제외한 모든 이동 수단역시 부자연스럽기는 마찬가지다. 문명은 매번 자연에 제한을 가하는 방식으로 존재를 이어 간다. 하지만 생명의 흐름에서 벗어날 정도로 자신의 생산 능력을 막아 버리면 안 된다. 배우자의 기쁨과 슬픔을 함께 나누는 것 다음으로 가장 심오한 경험은 자녀들과 손주들이 주는 시련과 기쁨이다. 나는 내 생애에서 1946년 7월 2일을 결코 잊을 수 없다. 당시 네 살 반이던 손자 짐이 내 무릎에 앉아 내 품에 안겨서 나와 얼굴을 맞대고 있다가 갑자기 놀라운 말을 했기 때문이다. "할아버지는 죽더라도 나를 얼마나 사랑했는지 잊지 않을 거죠?"

후손들에 대한 나의 믿음은 무슨 일이 있어도 깨지지 않는다. 나는 젊은이들의 과격한 항의와 반항을 환영한다. 그것이 우리에게 필요한 일이기도 하고, 우리가 마땅히 감내해야 하는 일이기도 하기 때문이다. 우리는 20년 동안 자식들을 보살피며 교육을 시킨 뒤, 군대에 보내서 해외의 전장에서 살인과 죽음을 경험하게 한다. 자식들에게 그리스도의 말씀을 설교하면서 정작 자신은 장사할 때 많은 속임수를 사용한다. 상품에 붙은 거짓 라벨, 위험한 자동차, 독성이 있는 약, 화학 물질이 들어간 음식, 모조품 등으로부터 소비자를 지키기 위해 정부가 개입해야 할 정도다. 하지만 정부 역시 부패와 속임수 면에서 뒤지지 않는다.

어른들의 죄에 비하면 자식들의 어리석음은 아직 미숙한

탓에 우발적으로 겪는 홍역에 지나지 않는다. 자녀들은 반항을 반복하다가 나중에는 지루해져서 대부분 무릎을 꿇고 만다. 그리고 천박한 말투는 하수도와 변소로 보내야 마땅하다는 사실을 터득하게 될 것이다. 그런 말투를 오랫동안 사용하다가는 그들의 몸에서도 하수도와 변소의 악취가 풍기게 되기 때문이다. 요즘 환각제가 일시적으로 인기를 끌고 있지만, 나는 내 아들 루이스가 코넬 대학에 다니던 시절에 젊은이들이 금붕어와 음반을 먹었던 것을 기억하고 있다. 전쟁, 경제적 방탕, 인종 차별 등에 반대하는 '시위'는 건전하다. 그리고 비폭력적인 비판을 억누르려는 시도가 지금까지 한 번도 없었던 것은 민주주의와 자본주의의 공이다. 하지만 모든 사람이 자신의 양심에 부합하지 않는 법을 거부할 권리가 있다는 젊은 열성분자들의 주장은 받아들일 수 없다. 이런 주장을 기반으로 해서는 그 어떤 정부도 존재할 수 없기 때문이다. 선거를 통해 표현되는 국민의 판단이 개인의 판단보다 중시되는 것이 옳다. 소로처럼 개인이 적극적인 불복종 형태로 합법적인 저항을 이어 갈 수는 있지만, 이 경우에는 법에 따른 처벌도 감수해야 한다.

눈부신 작가였던 앙드레 지드의 초기 작품들[7]과 프로이

7) Harold March, *Gide and the Hound of Heaven*, Philadelphia, 1952, 87f.

트의 불성실한 추종자들 일부가 우리에게 모든 충동과 욕망을 허용하고 "본연의 모습으로 돌아가라."라고 외치는 것이 한탄스럽다. 이 무슨 미숙한 헛소리인가! 프로이트가 인정하고 주장했던 것처럼, 문명은 거의 매 순간 본능의 억압에 기대고 있으며, 지성에는 우리가 추구해도 되는 욕망과 반드시 가라앉혀야 하는 욕망을 구분하는 능력이 포함된다. 오랜 세월 동안, 특히 미국에서 젊은이들은 다시 뜨겁게 달아올랐지만 결국 반쯤 구워지다 만 이런 주장에 현혹되었다.

도덕에 대한 나의 개인적인 정의를 담은 이 글에서, 나는 범죄를 맨 마지막으로 넘겨 두었다. 이 주제에 대해서는 그저 진부한 말을 되풀이할 수밖에 없기 때문이다. 범죄 중 일부를 가난 탓으로 돌릴 수는 있을 것이다. 사람들이 직접 하던 일을 기계가 담당하게 된 현실도 영향을 미칠 수 있다. 범죄가 놀라울 정도로 증가하는 데에는 '신의 죽음'이 선포되고 지옥이 사라진 것이 일부 영향을 미쳤을 수 있다. 가정과 부모의 권위가 쇠퇴한 것도 요인으로 꼽힌다. 정신분석학과 철학의 헛소리가 떠돌아다니면서 만들어 낸 범죄도 있을 수 있고, 범죄를 다룬 소설이나 영화 때문에 발생한 것도 있을 수 있다.

누구나 내면에 무정부주의자 같은 측면을 품고 있기 때문에, 영리한 방법들을 동원해서 필사적으로 경찰의 손을 피하는 흉악범에게 공감하는 경향이 있다. 자신에게 경찰이 필요해지기 전에는 누구도 경찰을 사랑하지 않는 법이다. 범죄가 증가하는 이유 중에는 범죄를 저지른 뒤 도망치기가 더 쉬워졌다는 점도 있다. 수백 년에 걸친 전제 정치에 대한 반발로 법과 법원의 판단이 자유주의 경향을 띠는 점도 이유로 꼽을 수 있다. 1789년 이후 새로 제정된 법들은 국가에 맞서서 개인을 보호하려고 애쓴다. 하지만 이제는 의원들이 위법 행위와 범죄로부터 국민과 국가를 보호하는 쪽으로 방향을 선회할 때가 되었다. 지금까지 변호사들은 영리하게 법적인 허점을 찾아내고 항소를 거듭해서 범죄자들을 가둬 두기 힘들게 만드는 능력을 입증했다. 그리고 요즘은 우리에게 자유가 너무 많다. 이제 가정, 학교, 사회에서 권위를 다시 확립해야 한다. 이를 위해 대가를 치르는 것은 내키지 않는 일이지만, 경찰력을 늘릴 필요가 있다. 그들의 훈련과 장비에 필요한 비용을 치르는 것도 우리 몫이다. 또한 정부에 완전히 새로운 부서를 만들어 다른 정부 기관들의 장부를 감사하고 그들의 행동을 조사해야 한다.

사형 제도는 불필요하지만 중대 범죄를 저지른 범인의 복역 기간을 연줄을 동원한 가석방으로 쉽게 줄여 주면 안 된다. 살인범들이 '일시적인 정신 이상'을 내세워 처벌을 피하는 것 역시 허용할 수 없다. 형법을 반드시 처벌과 복수의 도구로 만들지 않아도 된다. 범죄자들을 정신적인 문제와 발달 장애의 피해자로 보아야 한다. 그들을 범죄의 온상이자 대학이나 다름없는 교도소에 집어넣지 말고, 안전하게 울타리가 쳐진 국영 농장으로 보내자. 그곳에서 햇빛을 받으며 꾸준히 노동하다 보면 건강과 안정을 찾을 수 있을 것이고, 돈을 모아 나중에 사회 복귀를 대비한 자금으로 삼을 수도 있을 것이다.

갑자기 범죄, 전쟁, 인종 갈등, 도덕적 실험, 도시의 부패가 우리 문명 전체를 위협하는 것 같다. 우리는 이 무서운 문제들을 우리 아이들에게 물려준다. 아이들 자신도 뿌리를 내리지 못하고 혼란에 시달리고 있는데 말이다. 만약 교육에 대한 믿음을 계속 간직할 수 있다면 백인, 흑인, 황인을 막론하고 새로운 세대의 아이들을 함께 가르치고 이끌어 이런 위험에 맞설 지성을 만들어 낼 수 있을지 모른다. 그런 지성이 우리의 삶을 한 단계 높여서 너그러운 관용, 질서 있는 자유, 지속적인 결혼, 정돈된 평화로 이끌어 줄지 모른다.

12

인종에 대하여

이 주제의 사회적 측면에 대해서는 내가 거의 전문가나 마찬가지다. 1914년 이후 시민권 운동에 소소하게나마 관여했기 때문이다. 그해에 나는 노동조합 회관(뉴욕 14번가와 2번로 모퉁이)에서 강연을 시작했다. 그곳에 모인 청중과 친구들 중에는 다양한 백인들뿐만 아니라 소수 집단에 속하는 사람들도 많이 포함되어 있었다. 당시 나는 모든 사람을 '형제'라고 부르는 버릇이 있었다. 내가 그 말을 사용하는 것이 상대에게는 한 단계 높은 곳에서 선심을 쓰는 것처럼 보여 불쾌하게 여겨질 수도 있음을 깨달을 때까지 지속된 버릇이었다. 나는 로스앤젤레스로 이사한 직후(1943년) 메이어 데이비드와 힘을 합쳐 시민권 운동을 조직했다. 우리는 거기에 '상호 의존 선언(Declaration of INTERdependence)'이라는 이름을 붙이고, 모두들 국가와 인종과 신념을 막론하고 서로 협력하는 법을 배우지 않으면 주기적인 분쟁으로 스스로를 소모시키게 될 것이라고 주장했다. 우리의 원칙들을 선언한 글을 지은 것은 아무래도 나의 열렬한 팬이었던 것 같다.

인간의 자유와 존엄성을 존중함으로써 인류의 진보가 높은 수준에 도달했으므로, 다음의 명백한 진리를 다시금 천명하는 것이 바람직한 일이 되었다.

- 인종, 피부색, 신념의 차이는 자연스러운 것이며, 다양한 집단, 기관, 생각이 사람의 발전을 자극하는 요인들이다.
- 다양성 속에서 조화를 추구하는 것이 종교와 정치의 책임 감 있는 임무다.
- 그 어떤 개인도 온전한 진리를 알지 못하므로, 우리와 다른 견해를 지닌 사람들을 이해와 선의로 대하는 것이 반드시 필요하다.
- 역사의 증언을 보면 편협함은 폭력, 야만성, 독재로 통하는 문이다.
- 사람들 사이의 상호 의존과 연대의 실현이 문명을 위한 최고의 수호자다.

따라서 우리는 엄숙하게 결의를 다지고, 모두에게 힘을 합쳐 행동에 나서자고 권유한다.

- 상호 배려와 존중을 통해 인류의 동지 의식을 함양한다.
- 인간의 존엄성과 품위를 지키고, 이와 관련해서 인종, 피부색, 신념에 차별을 두지 않는다.
- 이러한 차이에서 기원한 모든 적의를 가라앉히기 위해 다른 사람들과 힘을 합쳐 노력하며, 모든 집단을 하나로 묶어 문명인다운 정당한 대결을 실현한다.

자유에 뿌리를 두고 있으며 신성한 아버지의 자손으로서 어디서나 인간이라는 공통의 피를 공유하고 있는 우리는 모든 인간이 형제이며 자유를 위해 서로에게 관용을 베풀어야 한다고 다시 한번 선언한다.

우리는 다행히 존 앤슨 포드와 에릭 스쿠더의 적극적인 협조를 얻어 냈다. 포드는 로스앤젤레스 카운티 감독 위원회 위원으로서 헌신적인 태도와 성실성을 널리 인정받고 있었으며, 스쿠더는 예리한 머리, 박식한 귀, 너그러운 품성으로 곤법, 음악, 도시 행정 분야에서 두각을 나타낸 인물이다. 이렇게 힘을 강화한 우리가 준비한 만찬에는 토마스 만이 연사로 나서고, 베티 데이비스가 아마추어인 나 대신 기금 모금을 담당했다. 그 돈으로 우리는 1945년 7월 4일 할리우드 볼을 빌려서 대규모 집회를 열었다. 그리고 그날을 우리끼리 상호 의존의 날*이라고 부르며 즐거워했다.

워싱턴의 연방 대법원 재판관 프랭크 머피는 우리 모임에서 중심 연설을 하기 위해 달려왔고, 우리가 제공한 강연료 1000달러도 거절했다. 가톨릭 대주교, 개신교 목사, 유대교 랍비, 흑인 성직자도 단상에 올랐다. 개신교도, 가톨릭교도, 유대교도, 흑인 성가대가 따로 노래를 부르다가 합창으로 노래를 마무리했다. 나는 백인, 흑인, 기독교인, 유대교인 등 1만 8000명이나 되는 청중을 이끌어, 대법원 판사 앞에서 선서를 할 때처럼 우리의 선언문을 암송하게 했다. 1년 뒤 교육 위원회는 이 선언문을 로스앤젤레스의 모든 학교에 걸기로 했으며, H. 데이비드 크롤 부인은 선언문 1000부의 액자 값 1000달러를 내놓았다. 이제 우리가 역사 속에서 토머스 제퍼슨과 같은 반열에 오를 것 같았다. 이런 성공과 웅변을 자랑스러워하던 우리는, 사방에서 인종 문제로 인한 혼란이 벌어지고 있는데도 노를 내려놓고 휴식을 취했다.

물론 마이어와 나는 순진한 이상주의자들이라서 부글부글 끓고 있던 인종 문제를 한 번도 깊이 들여다보지 않았다.

---

* Interdependence Day, 7월 4일은 원래 미국 독립 기념일(Independence Day)이다.

우리가 낯설어서 위험하다고 여겨지는 것을 만났을 때 핏속에서 솟구치는 심정을 연례 설교와 노래로 식힐 수 있을 것이라고 생각했을 뿐이다. 우리는 북부 출신이었으므로, 정치적 자격을 박탈당하고 사회적으로 무시당하면서 경제적인 노예로 사는 것이 어떤 상처를 남기는지 한 번도 느낀 적이 없었다. 북부에서 점점 커지는 흑인의 힘에 대한 백인의 두려움에 대해서도 아무런 생각이 없었다. 우리는 흑인의 머리가 선천적으로 열등해서 교육에 한계가 있다는 선전이 널리 퍼져 편안하게 받아들여지는 현상을 과소평가했다. 소수 집단의 침투로 인해 부동산 가격의 변동을 겪은 지역에서 살아 본 적도 없었다. 우리는 성공을 거둔 많은 흑인 의사들, 변호사들, 성직자들, 공직자들을 보며 그들의 약진과 급속한 증가를 기뻐했지만, 린치의 두려움이나 호텔과 식당에서 거부당할 때의 굴욕감이나 할렘과 와츠의 절망적인 가난을 느껴 보지 못했다. 우리는 자신의 개인적인 임무에만 몰두하여, 지역적으로 우세를 점한 인종에 속해 있다는 무의식적인 만족감 속으로 침잠해 들어갔다.

그래서 내가 서서히 성장하는 동안 문제의 형태가 다양해지고, 거기에 수백 개의 머리가 솟아났다. 남부에서 흑인은 언제든 백인에게 죽임을 당할 수 있었다. 설사 백인 살인범이 체포되더라도 '동료들', 즉 백인들로만 이루어진 배심원이 그에게 유죄 평결을 내릴 위험이 거의 없기 때문이었다. 흑인은 유권자 등록을 하고 싶어도 수많은 차별적인 요건들 때문에 좌절했다. 만약 그가 등록에 성공해서 투표권을 행사한다면 일자리와 음식을 먹을 권리가 사라졌다. 흑인이 대다수인 지역에 사는 백인은 흑인을 지도자의 자리에 앉히느니 차라리 폭력을 휘두를 준비가 되어 있었고, 백인 여성들은 튼튼한 흑인의 팔에 붙잡히는 생각만으로도 부르르 몸을 떨었다. 따라서 남부는 육체 노동자들의 공급이 부족해지지 않는 한도 내에서, 흑인 남성들에게 북부로 갈 것을 권유했다.

흑인들은 정의롭고 풍요로운 사회를 꿈꾸며 북부로 향했다. 한동안은 육체적인 힘과 유순한 태도가 필요한 일자리를 구할 수 있었다. 복지 제도에 의존해서 살 수도 있었다. 그리고 백인들은 흑인의 출산율에 경각심을 느꼈다. 수천 명의 푸에르토리코인들이 뉴욕으로 쏟아져 들어와, 뉴욕의 유색 인종 인구를 그 어느 때보다 많이 늘리는 데 일조했다. 오래지 않아 맨해튼의 공립 학교에서는 백인 아이들이 소수가 되었다. 백인들은 가족과 함께 뉴욕, 보스턴, 필라델피아, 클리블랜드, 시카고를 떠나 근교로 이주했고, 미국 최대의 도시들은 새로운 얼굴들과 새로운 증오로 검게 물들었다.

한편 기술의 발전으로 대다수의 흑인 남성들은 직장에서 설 자리를 잃었다. 그래서 원조나 자선, 또는 아내에게 의존하게 되었다. 흑인 아내들은 백인들의 집을 청소해 주고 번 돈으로 자신들의 누추한 집을 유지했다. 풍요로운 우리 사회에서 가난한 사람들끼리 모여 사는 지역은 유색 인종의 피부색에 물들어 인종 문제에 대한 의식을 갖게 되었으며, 남자들을 어떤 범죄든 용인하는 거친 적의(敵意) 속으로 몰아넣었다. 거리는 이제 안전하지 않았다. 백인들은 흑인의 증오에 반감으로 응수하며, 시민권이라는 말에는 어깨를 으쓱했다. 빈곤 퇴치를 위해 투입된 돈은 정치가들의 주머니로 들어갔고, 먼 곳에서 벌어진 전쟁이 원래 미국인들의 생활 수준 향상에 쓰일 예정이던 황금을 잡아먹었다.

만약 내가 이 모든 문제에 대한 해법을 아는 것처럼 군다면, 웃기지도 않게 건방을 떠는 꼴이 될 것이다. 이 문제들은 인간의 본성에서 솟아나온 것이므로, 내가 말만 늘어놓는 것으로는 아무것도 바꿀 수 없다. 우리는 친숙하지 않은 것을 불신한다. 그것을 어떻게 다뤄야 할지 배우지 못했기 때문이다. 그런데 경우에 따라 그 낯선 것이 우리를 태워 버리겠다는 말까지 입에 담는다면, 우리의 마음이 따뜻해질 수 없다.

지금 세대는 기술 발전으로 일자리를 잃은 미숙련 노동력 문제를 해결할 수 없다. 그들에게 먹을 것과 집을 제공해 주고, 교육이 가능한 사람에게는 재훈련 기회를 주고, 아이들을 교육시키는 수밖에 없을 것이다. 그렇게 지금 세대가 지나가고 나면, 다음 세대는 학교와 대학에서 받은 교육 덕분에 생산, 유통, 금융이라는 새로운 체제 속에서 자신의 자리를 찾을 수 있을 것이다. 나는 백인이 아닌 사람들도 성장을 방해하는 적대적인 환경만 아니라면 누구 못지않게 성장할 가능성이 있다고 믿는다. 수천 개의 난관을 극복하고 문학, 음악, 의학, 법률 분야에서 뛰어난 성과를 거둔 수많은 유색인들만 봐도 알 수 있다. 그래서 나는 나의 만병통치약, 즉 교육의 확대라는 해법을 다시 꺼내 드는 것에 대해 사과할 생각이 없다.

냉소주의자들은 교육에 대한 18세기식의 구식 믿음에 역시 냉소를 보낼 것이다. 하지만 대안이 있는가? 지금 이곳은 경찰국가다. 100년 동안 쌓인 증오, 사회 무질서, 통제할 수 없는 폭력, 도시의 쇠퇴가 문제다. 지리적인 장벽과 통신 장벽이 무너지면서 점점 성장하는 주들과 낯선 생각들이 미국 사회에 점점 더 많은 과제를 제기하고 있는 이 시기에 말이다. 인종과 상관없이 누구나 미국의 풍요로운 약속에 동참할 기회를 동등하게 완전히 누리는 것은 우리가 양심과 정의를 위해 반드시 이루어야 하는 일 아닌가?

13

여성에 대하여

죽기 전에 여성에 대한 찬가를 부르는 것을 허락해 달라. 이 찬가의 첫 번째 대상인 에어리얼이 지금 황홀경에 빠진 나를 보고 웃으며, 차라리 나의 호르몬에 노래를 바치는 것이 어떠냐고 말하고 있다. 아름다움을 보는 눈을 좌우하는 것이 호르몬이라면서. 그래, 우리의 노래에 호르몬도 포함시키자.

아무도 내 주장을 믿지 않을 테지만, 나는 육체적인 욕망과는 전혀 상관없이 여성의 아름다움에 흥분할 때가 많다. 나는 이런 흥분을 순전히 미학적인 것이라고 주장한다. 어쩌면 나 자신을 기만하는 것일 수도 있으므로, 나의 '무의식'이나 핏속에 숨어 있을지도 모르는 욕망에 대해 괜한 맹세를 하지는 않을 것이다. 하지만 수줍게 여성에게 다가가서 이토록 내 눈을 즐겁게 해 준 것에 대해 감사하고 싶은 적이 한두 번이 아니다. 나의 이러한 소망에 그녀를 소유하고 싶다는 야망은 한 점도 들어 있지 않다. 하다못해 손을 잡아 보고 싶다는 생각도 없다.

나는 형태를 막론하고 모든 아름다움에 이상할 정도로 흥분하는 편이다. 무엇이든 사랑스럽거나 장엄한 것, 이를테면 파란 하늘에 떠 있는 흰 구름이나 꿀을 넣은 것처럼 달콤한 알리섬뜰냉이의 향기, 지나가는 젊은이의 밝은 얼굴, 휘트먼 식으로 우주를 품어 안기라도 할 것처럼 가지를 뻗은 키 크고 꼿꼿한 떡갈나무의 멋진 모습 같은 것을 보면 언제나 열광하기 때문에 함께 길을 걷는 사람들은 나를 귀찮아한다. 이 어지러운 행성에 아름다운 것들이 얼마나 많은지 생각해 보면, 그것들을 다 보기 위해 불사의 생명을 얻어야 할 것 같다. 하지만 어떤 신인지는 몰라도 여성을 창조하고 발전시킨 존재에게 나처럼 감사의 뜻을 표할 만큼 순진하거나 감상적인 사람은 거의 없을 것 같다.

나는 이 위험한 주제에 관해 쇼펜하우어가 쓴 글을 읽은 적이 있다. 지금 나와 동시대를 사는 많은 사람들이 뱀파이어처럼 매력과 유혹으로 우리에게서 생기를 빨아먹는 존재들을 공격하느라 많은 종이를 소비한 것도 알고 있다. 가끔 머리가 맑아지는 순간이면, 나도 결점을 지닌 여성들이 많다는 사실을 인정한다. 탐욕스럽고, 소유욕이 강하고, 질투가 많고, 자존심이 지나치게 높은 여성들이 많다. 그들은 사랑을 손에 넣고, 유지하고, 상대에게 사랑을 주는 일에 워낙 많은 시간을 쏟기 때문에 우정을 지속적으로 유지하지 못할 때가 대부분이다. 그들의 아름다움은 많은 부분이 인위적이기 때문에 잠자리에 들기 전에 지워 내야 한다. 그들은 또한 다른 여성의 남편을 훔치고, 남의 가슴을 아프게 하고, 가정을 파탄 내는 능력도 지니고 있다.

남자들처럼 객관적인 생각을 잘 하지 못하는 여성들도 있다. 그들은 자신이 관심을 가진 남자와 관련된 주제들에만 흥미를 드러낼 뿐이다. 소망과 현실을 착각하고, 같은 말을 자꾸 반복하는 것을 자기 주장으로 착각한다. 어떤 여성들은 뇌가 아니라 풍성한 머릿결을 유지하는 데 온 힘을 쏟는 것처럼 보이기도 한다. 신선함을 아름다움으로 착각하고 여성을 바보로 만드는 남자들에게 속아서 사기를 당하는 여성들도 있다. 또한 초자연적인 희망이나 위안을 파는 자들의 말에 남자보다 더 쉽게 귀를 기울인다. 그들은 빠르게 정신없이 돌아가는 세상사에 휩쓸려 걱정과 근심을 금방 잊어버리는 편이 아니기 때문이다.

남자에 비해 여성들 중에는 천재가 더 적지만, 바보도 적다. 남자들의 지성은 경제적인 경쟁이나 정치적인 속임수를 통해 날카롭게 다듬어지는 반면, 여성들은 보통 자식을 낳아 기르는 길을 걸을 운명이기 때문에 지성이 그리 많이 필요하지 않다. 모성애를 지배하는 것은 본능이기 때문이다. 그래서 여성들은 대개 남자들이 지성으로 획득하는 것을 본능으로 손에 넣는다.

내가 여성들의 모든 결점에 크게 개의치 않는 것은 그들이 종(種)의 유지에 온 힘을 쏟고 있기 때문이다. 어쩌면 인간이라는 종은 계속되지 말아야 할지도 모르지만 그것은 다른 문제다. 처음에 여성은 겸손함으로 아름다움을 배가시키는 소녀의 모습으로 나타난다. 그녀는 자신이 곧 사냥감이 되고, 누군가에게 붙들려 족쇄를 찬 뒤 종을 지속시키는 도구가 될 것임을 어렴풋이 의식하고 있다. 그녀의 뺨이 자연스러운 장밋빛을 띠는 것은 그녀가 자전거와 승마 등 스포츠와 놀이를 적극적으로 즐기기 때문이다. 그녀가 바닥에 앉아 사랑하는 개에게 무릎을 내어 준 모습은 늙은이의 눈을 즐겁게 해 준다. 아직 예쁜 모습을 간직한 그녀의 맨발은 공기를 호흡하고 있다.

그녀의 사춘기가 끝나 가는 것을 보면 연민을 금할 수 없다. 젊은 남성들이 어떻게든 그녀의 호의를 얻어 보려고, 손과 입술을 만지고 그 밖의 것들도 해 보려고 주위에 모여드는 것이 보인다. 그녀가 유혹과 신중함, 궁극적으로는 남는 것이 하나도 없는 정복과 상처 없는 고독 사이에서 좁고 구불구불한 길을 걷는 모습이 보이는 듯하다. 이렇게 수많은 경쟁자들에게 상품이 된 그녀가 변식기 남성의 신중한 옷차림에 비해 화려하게 치장하는 버릇을 갖게 되는 것도 놀라운 일은 아니다. 우리 시대에 여성들이 지고 있는 부담은 또 어떤가. 열렬한 숭배로 정신을 마비시키지 않고, 안정성과 자제력과 경제 감각으로 성실한 남편이 되어 유능하게 가족을 부양하고 자녀들에게 훌륭한 아버지가 되어 줄 남자를 선택해야 하니 말이다. 아직 어린 머리와 두근거리는 가슴이 감당하기에는 너무 큰 책임이 아닌가!

이제 그녀는 신부가 되었다. 주사위 게임 한 판에 모든 것을 건 도박사처럼 조심스러우면서도 자신만만하다. 갱년기가 지난 사람이라면, 빛나는 털과 자꾸 비벼 대는 코를 지닌 경주마나 머리 모양이 예쁘고 뛰는 모습이 우아하고 이해심 깊은 눈을 지닌 개가 그녀보다 낫다고 주장할지도 모른다. 나도 그런 사람이지만 여성들 이야기로 돌아가 보자. 미국인, 아일랜드인, 영국인, 프랑스인, 스페인인, 이탈리아인, 독일인, 스칸디나비아인, 폴란드인, 러시아인,(안나 파블로바를 본 적 있는가?) 그리스인,(우리는 1936년에 그리스를 여행할 때 우리의 아름다운 여행 안내인을 아프로디테라고 불렀다.) 힌두교도, 무슬림,(아랍어나 페르시아어로 된 사랑의 시를 읽은 적이 있는가?) 중국인, 일본인…… 이들 모두 비록 짧은 시간이나마 유혹적인 우아함과 아름다움을 지닌 기적적인 존재들이다.

　교육 수준이 높은 한창때의 여성을 보면 나는 언제나 감상에 취한다. 벨벳처럼 부드러운 피부, 크림처럼 연한 손, 남자의 얼굴을 어루만지고 지갑을 가볍게 해 주는 섬세한 손길에 감탄한다. 그녀의 머리가 헝클어질 염려가 없다면 내 손으로 그 머리를 빗기고 싶은 생각도 든다. 감히 그녀의 눈을 똑바로 들여다볼 수 없다. 그 눈빛에 홀려 깊은 곳으로 끌려갈까 봐 무섭기 때문이다. 일단 그곳에 빠지면 돌아 나올 길이 없다. 나지막이 애정을 드러내는 부드러운 목소리, 또는 전문적인 솜씨로 소리 높여 노래하는 목소리를 들으면 신이 지금 진화의 실험실에서 열심히 일하고 있는 것이 아닌가 하는 생각이 든다. 여성의 몸은 어느 각도에서 보아도 훌륭한 것 같다. 특히 전면의 융기가 감탄스럽다. 순간적으로 언뜻언뜻 드러나는 발목, 민첩한 발의 율동적인 움직임을 남몰래 눈에 담지만, 그녀가 구두라고 부르는 것에 무기처럼 달린 뾰족한 장식들은 정말 마음에 들지 않는다. 그녀의 우아한 움직임은 체화된 시(詩)다. 나는 그녀가 유연하고 편안하게 방을 가로지르는 모습에 취해서 입을 다물지 못한다. 마치 눈에 보이지 않는 조용한 서풍(西風)이 그녀의 무게를 모두 가져가 버린 것 같다.

이제 그녀는 엄마가 되었다. 이 아이와 그다음 아이, 또 그다음 아이를 건강하고 품위 있고 지적인 인간으로 만들기 위해 걱정과 근심 속에서 보내야 하는 20~30년의 세월이 시작된 것이다. 긴장과 스트레스를 이겨 내는 그녀는 신을 낳는 어머니, 또는 거의 여신 같은 모습이다. 어디든 신이 존재한다면 바로 여기에 그 신이 있다. 생물학자라면 하느님을 여성 이외의 다른 모습으로는 그릴 수 없을 것이다. 생명의 세계에서는 일반적으로 남성이 지엽적이고 부수적인 존재이기 때문이다. 때로는 잉여의 존재이기도 하다. 그런 의미에서 주로 신의 어머니에게 기도를 드리는 가톨릭 신자들이 옳다. 오래전 에어리얼이 이설 벤베누타를 낳느라 고통을 겪는 모습을 지켜본 뒤, 나는 무기력한 내 모습에 질려 방을 나서면서 혼자 중얼거렸다. "여자들을 항상 친절하게 대해야겠어." 여성의 죄가 그녀의 머리에 부드럽게 놓이게 하라. 그녀는 자애로운 우리 모두의 어머니니까.

어머니는 생명에 의미가 있는지 의심을 품지 않는다. 아이들의 몸과 마음이 자라는 모습을 보면서 자신이 사명을 다하고 있으며 그 사명이 자신을 풍족하게 채워 주고 있음을 깨닫기 때문이다. 아이들이 유년기의 말썽과 청소년기의 변덕을 지나 성숙한 남녀로 자라나서 자식들을 낳아 기르는 모습을 보며 어머니는 보람을 느낀다. 점점 늘어 가는 가족을 한자리에 모으고 말없이 자부심과 행복을 느낀다. 그들이 바로 자신의 몸과 영혼이 낳은 열매이기 때문이다. 어머니와 자손들이 그렇게 서로 사랑하는 모습을 보고도 그녀의 삶에 아무 의미도 없다고 말하는 사람은 틀림없이 일그러진 마음을 갖고 있을 것이다. 명예롭고 충만한 삶은 그 자체로서 보람이기 때문에 별다른 의미가 필요하지 않다.

14

성에 대하여

나는 왜 여자들에게 이토록 홀려 있는가? 이렇게 나이가 많은데도, 60년도 훨씬 전 예수회 대학에 다니던 시절 가끔 저속한 연극을 보려고 몰래 빠져나갈 때처럼 여성들의 매력에 민감한 이유가 무엇일까? 이번에도 나는 여성들의 아름다움을 보고 의식적인 욕망을 느끼기보다는 미학적인 감정을 느낄 때가 많다고 주장하려 한다. 하지만 이건 여성들과 나 사이에 어느 정도 거리가 있을 때의 이야기다. 만약 황홀한 여성들이 조금이라도 가까이 다가온다면 내 생각의 순수성을 유지하기가 몹시 힘들어질 것이다. 일반적으로 대부분의 남자들이 거의 학습된 반사 작용처럼 모든 성적인 자극에 대해 반응을 보일 것이다. 나는 우리가 왜 그렇게 파블로프의 자동인형처럼 구는지 많이 궁금했다.

때로는 우리가 시야에서 가려진 것에 신체적인 매력을 느끼는 것처럼 보였다. 옛날 발리에서처럼 여성들의 가슴이 언제나 남성들의 눈앞에 노출되어 있다면 과연 에로틱한 자극제가 될까? 감추어져 있던 것이 모습을 드러내는 순간은 언제나 짜릿한 선물 같다. 성 심리에 대해 많은 것을 알고 있는 여성들이 빅토리아 시대에 그랬던 것처럼 자신이 지닌 자원을 조심스럽고 비밀스럽게 절약하려 들 것이라고 생각해 볼 수 있겠지만, 사실 여성들은 일부만 가리는 것이 전혀 가리지 않거나 완전히 가리는 것보다 낫다는 현명한 결론에 도달했다. 한편 남성들은 사랑스럽게 돌출된 그 부위를 거리낌 없이 이상화하면서 세월의 제약으로부터 자유롭게 풀어 준다. 그 부위에 대한 글이나 말은 호기심을 자극하고, 그 호기심은 욕망을 강화한다. 하지만 우리 머릿속에 박힌 의식이 그런 흥분에 얼마나 영향을 미치는지 궁금하다. 라로슈푸코가 그랬던가? "그 망상 같은 황홀함에 대해 들어 본 적도 읽어 본 적도 없는 사람이 과연 사랑에 빠질까?"

진화론에 따르면, 자신의 씨앗을 다른 개체의 것과 섞고자 하는 충동이 가장 강한 생물이 가장 많은 자손을 낳았으므로, 세대를 거듭하면서 성적인 본능이 점점 강해져서 식욕

다음의 자리까지 올라갔다. 굶주린 남자에게는 아프로디테도 미인의 전형이 아니라 푸짐한 먹잇감으로만 보일지도 모른다. 하지만 기본적인 욕구가 충족되어 음식과 돈이 아닌 다른 것을 생각할 여유가 생기면, 그의 영혼은 섹스의 유혹과 폭정을 향해 열려 버린다. 따라서 굶주림이라는 문제를 해결하는 데 가장 근접한 나라들(미국, 영국, 독일, 프랑스)은 사람들이 가장 무책임하게 섹스에 탐닉하는 나라들이기도 하다.

자연(여기서는 다시 말해 진화 과정)은 번식에 목숨을 걸기 때문에 개체들을 종의 지속을 위한 도구이자 일시적 존재로 취급한다. 자연은 음식을 먹고 자식을 낳는 일 외에는 거의 모든 일에 신경을 쓰지 않는다. 우리의 문학, 미술, 음악은 섹스와 종의 지속을 위한 자극 또는 장식품 역할 외에는 자연에게 아무런 의미도 없다. 이런 관점에서는 음식을 먹는 행위조차 부차적이다. 음식을 먹지 않으면 생명이 유지될 수 없기 때문에 식욕이 가장 먼저 오지만, 이것 역시 섹스의 하인 역할을 하기는 마찬가지다. 우리가 음식을 먹는 무의식적인 목적은 생물학적으로 성숙해질 때까지, 즉 번식 능력이 생길 때까지 생명을 보존하고 몸을 발달시키는 것이다. 이 기능을 수행하고 난 뒤에는 후손들을 돌보는 사람으로서 목숨을 부지하기 위해 음식을 먹는다. 그리고 이 기능마저 모두 수행하고 나면 우리는 자연에게 쓸모없는 존재가 된다. 보통은 그로부터 얼마 되지 않아 세상을 떠날 것이다. 죽지 않는다면, 없어도 상관없는 구경꾼이 되어 생명의 흐름을 지켜보게 된다.

생명의 흐름이 계속되어야 하는 설득력 있는 이유를 내놓을 수는 없지만, 생명은 계속될 것이다. 때로 나는 성적인 본능이 우리에게 휘두르는 힘에 분개한다. 그 힘이 삶을 망가뜨리고, 국가 질서를 흐트러뜨리고, 미래의 철학자들을 흥분한 원숭이로 만들어 버리기 때문이다. 그래서 왜 과거 문명들이 힘과 신화를 동원해서 성적 본능이 점점 커져서 터져 나오지 않도록 댐을 쌓았는지 알 것 같다. 결혼이라는 제도는 그 흐름을 통제하는 장치다. 일부일처제를 의무로 규정한 그리스도교 세계든, 일부다처제는 물론 심지어 축첩까지 허용하는 아시아와 아프리카든 목적은 똑같다. 일부 그리스도교 국가에서 결혼이 그런 댐의 기능을 점점 잃어 가고 있으므로, 그리스도교식 결혼이 더 많은 자유와 다양성을 원하는 성적인 본능의 요구를 견뎌 낼 수 있을지는 알 수 없다.

내가 과연 우리의 성적인 감수성이 감소하기를 바라는지 나 자신도 잘 모르겠다. 그런 감수성이 삶의 열정의 절반을 차지하기 때문이다. 아름다움에 대한 감각은 십중팔구 그 감수성에서 뻗어 나온 가지일 것이다. 모든 아름다움은 남성의 욕망의 대상이자 여성이 부러워하는 대상인 미인의 아름다움에서 유래한 것 같다. 그리고 장엄하다는 느낌은 남성적인 힘에 대한 남녀의 찬탄이 기본적인 원천인지도 모른다. 성적인 감수성을 비난하는 것은 미학적인 느낌과 반응을 불법화해서 예술의 가장 풍요로운 뿌리를 잘라 버리는 것과 같다.

거세와 성적인 열광 사이에서 기분 좋은 중간 지점을 찾기 위해, 내가 이미 너무 많은 짐을 지운 만병통치약, 즉 지성의 발달이라는 주제로 다시 돌아가야겠다. 교육을 통해 몸이 건강해지고 정신이 본능을 조화롭게 다스릴 수 있게 된다면, 우리는 성적인 감각을 보존하면서도, 우리를 위해 신중하게 미래를 내다보고 공공질서에 어긋나지 않는 한도 내에 묶어 둘 수 있을 것이다. 단 한 명의 상대에게만 단호하게 정절을 지키면서 수백 명의 여성이나 남성에게 찬탄하는 것은 얼마든지 가능한 일이다. 그러면 우리는 성적인 감정의 순간적인 열광과 지속적인 사랑의 조용한 만족감이라는 두 가지 최고의 열매를 모두 얻을 수 있다.

15

전쟁에 대하여

1830년 자크 부셰 드 크레브쾨르 드 페르트라는 프랑스 세관 관리가 솜 계곡에서 이상한 석기 몇 점을 발굴했다. 지금의 학자들은 그것을 구석기 시대의 전쟁 무기로 해석한다. 이 석기들을 coups de poing, 즉 '주먹 도끼'라고 부른다. 손으로 잡기 편하게 한쪽 끝은 둥근 반면, 다른 쪽 끝은 뾰족한 모양이기 때문이다. 이 소박한 죽음의 도구를 가지고 5만 년 전 오늘날의 독일 땅에 살던 네안데르탈인과 오늘날의 프랑스 땅에 살던 크로마뇽인이 대륙의 지배권을 놓고 싸움을 벌인 듯하다. 하루 동안 격렬한 싸움이 벌어진 자리에는 아마 수십 명의 시체가 생겨났을 것이다. 1, 2차 세계대전 때 현대 독일인과 현대 프랑스인은 또 같은 계곡에서 같은 대륙을 놓고 싸움을 벌였다. 이번에는 하루 만에 1만 명을 죽이는 엄청난 죽음의 도구들이 동원되었다. 그 무엇보다 확실한 발전을 이룩한 분야가 바로 전쟁 기술이다.

500세기 동안 2000세대에 걸쳐 사람들은 그 땅을 놓고 싸웠다. 그 싸움 역사의 시작과 끝은 불분명하다. 웅장하고 놀라운 것에 익숙해진 사람들도 역사적인 전쟁의 파노라마 앞에서는 경악을 금치 못한다. 보통은 평화로운 '야만인들'이 가끔 벌이는 다툼과 습격에서부터 이집트 수메르, 바빌로니아, 아시리아*의 피투성이 역사, 그리스 도시 국가들의 지칠 줄 모르는 형제 싸움, 알렉산드로스와 카이사르의 정복 전쟁, 로마 제국의 승리, 이슬람 세력의 팽창을 위한 전쟁, 몽골군의 학살, 티무르**의 두개골 피라미드, 100년 전쟁, 장미 전쟁, 30년 전쟁, 스페인 계승 전쟁, 7년 전쟁, 영국 혁명, 미국 독립전쟁, 프랑스 혁명, 러시아 혁명, 나폴레옹의 전쟁들, 남북 전쟁, 프로이센-프랑스 전쟁, 스페인-미국 전쟁, 러일 전쟁, 1차 세계대전, 2차 세계대전……. 이런 것들이 유혈이 낭자한 역사의 주류인 듯하다. 이에 비하면 문명의 성과, 문학과 예술

---

* 아시아 서남부, 티그리스강과 유프라테스강 상류 지역의 옛 이름.
** 중앙아시아의 튀르크몽골인 군사 지도자로, 티무르 제국의 창시자.

의 빛, 여성들의 부드러움과 남성들의 기사도는 모조리 강가에서 벌어진 우아한 사건들에 불과하며, 역사라는 흐름의 방향이나 성격을 바꿀 힘이 없다.

분쟁의 연대기가 인류 역사에서 전쟁의 역할을 과장하고 있음은 의심의 여지가 없다. 싸움은 극적이며, 대부분의 역사가들이 보기에 평화로운 세대에는 역사가 없는 듯하다. 그래서 연대기 작가들은 전투에서 전투로 건너뛰면서 자기도 모르는 사이에 과거를 유혈의 현장으로 변형시킨다. 비교적 정신이 맑을 때는 우리도 그렇지 않다는 것을 안다. 어느 나라의 역사를 보아도 전쟁의 광기보다는 맑은 평화기가 훨씬 더 무게를 갖는다는 것, 문명의 역사(법과 도덕, 과학과 발명, 종교와 철학, 문학과 예술의 역사)는 시간의 강에 숨겨진 황금처럼 흐른다는 것을 안다.

그래도 전쟁은 언제나 존재했다. 앞으로도 그럴 것인가? 인간의 본성과 사회 구조 중 무엇이 전쟁의 원인일까? 전쟁을 방지하거나, 횟수를 줄이거나, 어떤 식으로든 통제할 수 있을까?

전쟁의 원인에는 심리적 요인, 생물학적 요인, 경제적 요인, 정치적 요인이 있다. 다시 말해서, 인간의 선천적인 충동, 집단들 사이의 경쟁, 사회의 물질적 욕구, 국가의 포부와 권력 변화 속에 전쟁의 원인이 있다는 얘기다.

근본적인 원인은 우리 자신 안에 있다. 국가는 역사라는 현미경 아래에서 확대된 인간의 영혼이기 때문이다. 인류의 가장 중요한 본능인 획득, 짝짓기, 싸움, 행동, 연합이 전쟁의 궁극적인 원천이다. 수천 년, 아니 어쩌면 수백만 년 동안 인류는 식량을 안정적으로 확보할 수 있을지 안심하지 못했다. 땅을 갈아 얻는 수확이 얼마나 될지 아직 몰랐으므로 사냥에 운을 걸었다. 사냥감을 잡으면 대개 그 자리에서 찢거나 잘라서 날고기와 뜨끈하게 엉긴 피를 양껏 먹어 치웠다. 언제 다시 음식을 먹을 수 있을지 몰랐기 때문이다. 탐욕이란 미래를 위해 먹는 것, 또는 식량을 쌓아 두는 것이었고, 재산이란 원래 굶주릴 때를 대비한 방책이었다. 전쟁도 처음에는 식량을 얻기 위한 기습이었다. 어쩌면 모든 악덕이 예전에는 생존을 위한 싸움에 반드시 필요한 미덕이었는지 모른다. 그러다 사회 질서와 안전이 점점 확보되면서 그런 것들이 생존에 불필요해지자 점차 악덕이 되었다. 예전에 인류는 사냥감을 쫓아 죽이고, 손에 잡히는 것을 움켜쥐고, 양이 넘칠 만큼 먹어 대고, 남은 것을 모아서 쌓아 두어야 했다. 그렇게 불안정한 생활을 수십만 년 동안 하다 보니 획득과 소유를 향한 충동이 종족의 특성이 되었다. 법이나 도덕이나 이상보다 오로지 수백 년에 걸친 안정적인 생활만이 그런 충동을 누그러뜨리거나 파괴할 수 있다.

짝을 향한 욕망, 부모의 사랑과 자식들의 효심은 인류의 역사 중 개인사의 절반을 차지하지만 전쟁의 원인이 된 적은 많지 않다. '사비니 여인들이 겁탈당한 사건'*은 땅과 식량을 차지하려는 분쟁이 성적으로 표출된 결과였을 것이다.

싸움의 본능은 명백하다. 자연은 식량이나 짝을 구하는 보조 수단으로 이 본능을 열심히 발전시켰다. 모든 동물에게 공격과 방어가 가능한 기관을 주고, 신체적으로 약한 생물에게는 꾀와 연합이라는 장점을 주었다. 대체로 식량 확보, 짝 확보, 싸움에 뛰어난 집단들이 살아남았으므로 그런 본능 또한 진화 과정에서 선택되어 여러 세대를 거치며 강화되었고, 다양한 형태의 획득, 수렵, 싸움으로 싹을 틔웠다.

식량을 구하려는 노력이 점점 확대되어 엄청난 재산을 축적하는 수준으로 발전하자, 싸움 본능 또한 권력을 향한 욕망과 전쟁 욕구로 부풀어 올랐다. 권력욕은 대부분의 사람에게 포부와 창조로 이어지는 유용한 자극이지만, 예외적으로 뛰어난 사람에게는 위험한 질병이 될 수 있다. 권력욕이 영혼의 암 덩어리가 되어 뛰어난 사람들을 자극해서 대리인을 내세워 수많은 싸움을 하게 만들기 때문이다. 신경질적이고 병

---

* 17세기에 프랑스 화가 니콜라 푸생이 그린 그림으로 유명한 사건. 로마 건국 초기에 여자들이 부족하자 건국자 로물루스가 계획적으로 사비니인들을 초대하여 연회를 베푼 뒤 여자들을 납치했다고 전한다.

약한 니체는 군에 입대하지 못했지만, 프랑크푸르트 거리에서 기병대가 달려가는 모습과 소리에 흥분하여 즉시 전쟁과 '권력에의 의지'를 기리는 찬가를 지었다.

행동의 본능은 모험을 즐기는 태도, 가까운 친인척이나 일상에서 달아나려는 태도로 나타난다. 이보다 더 널리 영향을 미치는 것은 연합 본능이다. 사람은 고독을 두려워하기 때문에 자연히 많은 사람이 모인 곳에서 안전을 구하려 한다. 서서히 사회가 생겨나면, 그 경계선 안에서 사람들은 자유롭고 평화로이 살아가며 지식과 재산을 쌓고 신을 숭배할 수 있다. 자기애는 자아의 연장인 부모와 자식, 집과 소유물, 관습과 제도, 익숙한 환경과 물려받은 믿음에까지 흘러 들어가므로, 세월이 흐르면서 우리는 이런 것들로 이루어진 문명과 국가에 대해 애착을 갖게 된다. 그래서 이런 것들 중 하나라도 위협받는다면, 우리의 호전적인 본능이 자극을 받아 인류의 타고난 비겁함이 정해 놓은 한계까지 치닫는다. 분열된 무법 세계에서 이런 애국심은 합리적이고 필요하다. 이것이 없이는 집단이 생존할 수 없고, 집단이 없이는 개인도 생존할 수 없기 때문이다. 편견은 철학에 치명적이지만, 국가에는 필수 불가결하다.

이런 모든 열정들, 즉 수많은 사람들이 지닌 획득 본능, 호전적인 본능, 이기주의, 자기 중심주의, 애정, 권력욕을 하나의 힘으로 모으면 전쟁의 심리적인 원천이 완성된다. 이것들을 집단적으로 받아들이면 생물학적인 원천이 된다. 개인뿐만 아니라 집단도 굶주림이나 분노를 느낄 수 있고, 포부나 자부심을 지닐 수 있다. 집단도 생존을 위해 투쟁해야 하며, 제거되지 않아야만 생존할 수 있다. 집단을 보호해 주는 유기체의 다산성은 곧 근처에서 구할 수 있는 식량으로는 감당할 수 없을 만큼 입을 늘릴 것이다. 사람의 몸과 마찬가지로 집단에서도 부분이 느끼는 굶주림은 전체의 굶주림이 된다. 그래서 종(種)과 종이, 집단과 집단이 생명을 지탱해 줄 땅과 물을 놓고 전쟁을 벌인다. 에우리피데스는 2300년 전에 트로이 전쟁의 원인으로 그리스의 급속한 인구 증가를 꼽았다.

집단의 굶주림은 집단의 호전성을 낳고, 호전성은 개인의 경우와 마찬가지로 집단에서도 방어와 공격을 위한 기관을 발전시킨다. 집단의 경우에는 이것을 군비(軍備)라고 한다. 힘이 강해지면, 소년이 자신의 이두박근을 의식할 때처럼 힘 자체가 전쟁의 이차적인 원인이 될 수 있다. 어떤 경우든 어느 정도의 군비는 필요하다. 싸움은 불가피하고, 경쟁은 삶의 일부이기 때문이다.

이런 심리적, 생물학적 요인들이 분쟁의 궁극적인 원천이다. 여기에서부터 국가 간의 경쟁 관계가 흘러나와 전쟁의 근인(近因)을 만든다. 경제적인 원인과 정치적인 원인이 그것인데, 피상적인 분석가들은 이 이상 전쟁의 원인을 파고들지 않고 대략 이 정도에서 만족하려고 한다.

경제적인 원인 중 기본은 땅을 둘러싼 경쟁 관계다. 의도적으로 늘린 인구에게 필요한 땅, 자원을 공급해 줄 땅, 징병과 징세의 새로운 대상자들을 공급해 줄 땅. 그래서 고대 그리스인들은 에게해 일대, 흑해, 지중해를 거쳐 비잔티움, 에페소스, 알렉산드리아, 시라쿠사, 나폴리, 마르세유, 스페인까지 퍼져 나갔다. 영국인들이 지난 2세기 동안 전 세계로 퍼져 나간 것도, 지금 미국인들이 퍼져 나가는 것도 같은 이유 때문이다.

정복 전쟁의 원인이 된 이 일반적인 요인들을 더욱 날카롭게 다듬고 강화한 것이 산업 혁명이다. 현대 국가가 전쟁을 성공적으로 수행하려면 반드시 부유해야 한다. 부유해지기 위해서는 산업을 발전시켜야 하고, 산업을 유지하려면 대부분의 경우 식량, 연료, 원료를 수입해야 한다. 그리고 이 수입 대금을 지불하려면 반드시 제품을 수출해야 하고, 제품을 팔기 위해서는 해외 시장이 있어야 하며, 해외 시장을 확보하기 위해서는 경쟁자보다 싼 값에 물건을 팔거나, 외국과 전쟁을 벌여야 한다. 국가는 중요하다고 생각하는 제품을 위해서, 또는 그런 제품을 가져오는 데 필요한 통로를 확보하기 위해서 전쟁을 벌일 것이다.

그리스는 에게해, 헬레스폰트,* 흑해를 지배하기 위해 전쟁을 벌였다. 러시아의 곡물에 의존하고 있었기 때문이다. 로마는 옥수수가 필요해서 이집트를 정복할 수밖에 없었고, 수공예품을 팔 시장과 정치가들이 큰 돈을 벌 무대가 필요했기 때문에 소아시아를 정복했다. 이집트의 밀, 근동의 석유, 인도의 면화는 영국 역사 속 많은 전투를 설명해 준다. 스페인의 은은 로마가 카르타고와 벌인 전쟁의 원인이었고, 스페인의 구리는 독일이 파시스트 스페인을 도와준 원인이었다. 아직 순진했던 우리는 1898년에 설탕 맛을 보았고, 1853년에는 선물과 대포를 함께 동원해 일본 정부를 위협해서 일본을 해외 시장과 이윤을 열렬히 원하는 산업 국가로 탈바꿈시켰다. 그리고 이것이 부메랑이 되어 1941년에 일본이 진주만을 공격했다.

이런 순환 구조가 현대 전쟁의 원인으로 추가되었다. 인간은 본래 불평등한 생물이므로, 어떤 사회에서든 소수의 인간이 다수의 능력을 소유하기 마련이다. 이로 인해 어느 사회에서든 소수가 다수의 재화를 소유하는 일이 조만간 벌어지게 된다. 하지만 이처럼 부가 자연스레 집중되면 이윤을 재투자해서 생산량을 늘리는 일이 거듭되면서 널리 많은 사람들이

---

* 현재의 다르다넬스 해협.

구매력을 갖기 힘들어진다. 따라서 생산량이 소비를 훌쩍 앞서게 되고 재고가 늘어서 불황이나 전쟁의 원인이 된다. 생산을 멈춰 소비가 생산량을 따라잡을 수 있게 하거나, 아니면 본국에서 소비되지 못한 잉여 재화를 풀어놓을 해외 시장을 반드시 확보해야 하기 때문이다.

이제 전쟁의 정치적인 원인을 몇 가지 꼽아 보자. 정부를 지탱하는 첫 번째 법칙은 자기 보존, 두 번째 법칙은 자기 확대다. 정부는 먹이를 먹을수록 식욕이 늘어나서, 국가가 팽창을 멈추면 곧 죽어 가기 시작한다고 믿는다. 게다가 나라들 사이에 힘의 분포는 언제나 변하고 있다. 새로운 공정이나 자원의 발견 또는 발전, 인구의 증가 또는 감소, 종교나 도덕이나 특징의 약화, 기타 물질적·생물학적·심리적 요인들이 작용하기 때문이다. 힘을 얻어 강해진 나라는 약해진 나라를 상대로 자기 주장을 강하게 내세운다. 그래서 지금의 상황을 영원히 유지해 줄 평화 조약을 맺기가 어려운 것이다. 전쟁을 만들어 내지 않는 조약을 맺는다면 정말로 근사할 것이다. 평화는 수단을 달리한 전쟁이다.

앞의 분석이 기본적으로 옳다면, 전쟁을 끝내거나 완화하고자 하는 사람들에게 너무 많은 기대를 하면 안 된다. 윌리엄 제임스는 나라의 젊은이들을 1~2년 동안 광범위한 "자연과의 전쟁"에 투입한다면 행동, 모험, 연합의 충동이 창의적으로 표현되어 "전쟁의 도덕적 대체물"이 되어 줄 것이라는 상냥한 희망을 품었다. 미국은 훌륭한 평화 봉사단을 통해 이 희망을 실현하려고 애쓰고 있지만, 이런 방법으로는 국제 분쟁의 중요한 원인에 가닿을 수 없음이 분명하다. 국제 연맹은 (브리앙과 슈트레제만이 있을 때를 제외하고는) 승리자들이 자신의 이득을 보존하기 위해 꾸민 음모의 소산이었다. 그래서 패전국의 산업과 비옥함이 베르사유 조약으로 정해진 국가 간 힘의 균형을 변형시키자마자 실패할 수밖에 없었다. 국가의 생명을 영원히 변하지 않는 구속복으로 묶어 둘 수는 없다. 평화주의는 무기를 들고 나라를 지켜야 한다는 외침을 이기고 살아남아야만 전쟁의 치료제가 될 수 있을 것이다. 옥스퍼드 유니언에서 결코 영국을 위해 무기를 들지 않겠다고 서약한 영국 젊은이들도 히틀러에 맞서서 남자답게 무기를 들었다.

전쟁에 종지부를 찍자고 인류의 양심에 모호하게 호소하는 방식은 역사를 통틀어 별로 효과를 보지 못했다. 인류의 양심이라는 것이 존재하지 않기 때문이다. 도덕은 수백 년 동안의 강요가 만들어 낸 습관적인 질서다. 따라서 국제 도덕이 만들어지려면 국제 질서가 필요하고, 국제 질서가 만들어지려면 국제적인 힘이 필요하다. 양심은 경찰관 앞에서 생겨난다. 현명한 사람은 평화를 사랑하면서 만일의 사태를 대비할 것이다.

전쟁 문제에 효과적으로 접근하는 방법은 통 크고 너그러운 감정에 의지하는 것이 아니라, 구체적인 원인과 분쟁을 연구하고 참을성 있게 조정해 나가는 것이다. 평화에도 전쟁처럼 현실적인 계획과 조직이 필요하다. 모든 요인에 미리 대비하고, 세세한 부분 하나하나까지 미리 앞을 내다보아야 한다. 정치가들이 가끔 국내 문제를 회피하려고 슬쩍 평화를 말하는 식으로는 평화가 이루어질 수 없다. 최고의 두뇌를 지닌 사람들이 전력을 다해 주의를 기울여야 한다. 전쟁의 유인이 워낙 다양하고 강력하기 때문에 각각의 유인에 대해 국제 위원회를 만들어 대처해야 한다. 누워서 빈둥거리는(순전히 문자 그대로의 의미로 쓴 말이다.) 전문가, 경제학자, 외교관이 아주 많으므로, 그들을 각자 이런 위원회에 배정해서 전쟁의 경제적 원인을 조사하게 하고, 분쟁을 벌이는 집단들의 주장을 끈기 있게 들어 주고, 화해 가능성을 살펴보고, 각국 정부에 실현 가능한 구체적 방안들을 추천하고, 대중적 명성이라는 폭발적인 흥분제 없이 각자의 소임을 다하게 하면 좋을 것이다. 우리는 전쟁이라는 세균을 원천에서부터 분리해서 이해와 협상으로 박멸해야 한다.

이런 위원회들 중 한 곳은 인류의 무분별한 다산성이 만들어 낸 문제들을 연구할 것이다. 출산율(사망률을 뺀 것)이 자원의 한도나 미래 전망을 넘어서는 곳이라면 어디든 이 위원회가 가족계획 정책과 방법들을 홍보할 수 있을 것이다. 국지적인 식량 부족 사태를 완화하는 국제적인 대책을 준비할 수도 있고, 한곳에 집중된 인구가 다른 곳으로 빠져나가게 도울 수도 있을 것이다. 어쩌면 상설 위원회를 만들어서 산업 국가가 원료, 연료, 시장에 접근하는 방법을 연구할 수 있을지도 모른다. 그리고 국무부는 모든 전선에서 힘차고 지속적으로 평화를 시행하는 것을 주요 기능으로 삼아야 한다.

　마지막으로 우리는 유토피아에 대한 헛된 꿈을 버리고, 아리스토텔레스의 권고대로 지금보다 조금 나은 나라에 만족해야 한다. 세상이 우리보다 훨씬 더 빨리 개선되기를 기대하면 안 된다. 만약 우리가 지적인 연구, 공평무사한 역사, 간소한 여행, 정직한 생각으로 우리의 지평을 넓힐 수 있다면, 다른 사람들의 욕구와 견해와 희망을 의식하고 다양한 문화의 다양한 가치관과 아름다움에 주의를 기울일 수 있다면, 경쟁하듯 서로를 죽여 대는 싸움판으로 그토록 쉽사리 뛰어드는 대신 마음속에서 더 넓은 이해와 거의 보편적인 공감대가 들어갈 수 있는 공간을 찾아낼 것이다. 모든 나라에서 우리에게 새로운 교훈이 되고 우리의 유산과 후손들을 풍요롭게 해줄 자질과 성취를 발견할 것이다. 언젠가 우리의 조국애가 인류를 배신하지 않는 날이 오기를 희망해 보자.

16

베트남에 대하여

베트남에서 벌어지는 전쟁이라는 유동적인 상황에 대해 1967년 5월 7일에 작성된 모든 글을 1969년에 본다면 멍청해 보일 것이 거의 확실하다. 최고의 정보를 알고 있는 정치가들의 선언조차 1~2년 뒤에는 뒤틀린 유머의 소재가 되었다. 그래도 나는 주저하지 않고 일어나서 평화를 외치고, 냉소적인 시대에 운을 걸어 본다.

반전 시위가 강해지는 와중에 전쟁이 오히려 더 잦아지고 광범위해지며, 그 어느 때보다 많은 생명과 재산을 파괴하는 것이 20세기의 특징 중 하나다. 시인, 철학자, 어머니는 슬피 한탄하지만, 우리의 본능은 계속 인류를 시기심에 사로잡히거나 적대적인 종족, 나라, 계급, 이념이나 신앙 집단으로 갈라놓는다. 힘을 소유한 자는 그 힘을 사용하고 싶다는 유혹에 시달리고, 국익의 정의가 넓어져 전쟁의 모든 목표를 아우르게 되며, 안보라는 말은 더 많은 땅을 손에 넣어 무장시키는 핑계가 되어 준다. 군대에 갈 수 있는 나이가 지난 사람들은 애국심을 외치는 목소리에 쉽게 마음이 움직인다. 평화를 호소하는 사람들은 겁쟁이로 매도되고, 상호 이해와 조정은 유화 정책으로 낙인찍힌다. 마치 싸움의 당사자들을 달래서 가라앉히는 것이 성령의 뜻을 거스르는 죄인 듯하다. 상황을 상세히 설명하고 장군들의 기를 북돋는 데 여론 기관들이 동원된다. 군복이 민간인을 변신시키고, 아가씨를 도취시키고, 아들의 죽음마저 거의 받아들일 정도로 어머니의 마음을 움직인다. 정부는 선거에서 이기는 것보다 전쟁을 시작하는 것이 더 쉽다는 사실을 깨닫는다.

미국 헌법은 선전 포고 권한을 의회에 부여한다. 하지만 대통령이 전쟁에 다른 이름을 붙일 수만 있다면, 헌법에 저촉되지 않고 얼마든지 전쟁을 수행할 수 있다. 빠른 대응이 필요한 국제 위기 때 대통령의 이런 권한이 필요해진다. 신중한 토의를 거쳐야 하는 의회는 빠른 대응이 쉽지 않기 때문이다. 사실 전쟁과 평화에 대해 미국 대통령은 한시적으로 독재적인 권한을 발휘할 수 있다. 여론이 그를 비난하더라도 실제로는 그에게 영향을 미칠 수 없으며, 궁극적으로는 장군들과 제독들이 대통령을 이끌게 된다. 미국 대통령들은 이런 전략을 통해 몇 번이나 다른 나라에 군사적으로 개입했으며, 의회는 군사 개입이 이미 기정사실이 된 뒤 그 행위를 승인할 수밖에 없었다.

1948년에 미국 6함대는 그리스의 공산주의 폭동을 저지하고 터키에 대한 소련의 압박을 막으라는 지시를 받았다. 1957년에 의회는 미국이 "국제공산주의운동의 영향을 받는 모든 나라의 노골적인 무장 공세"[8]로 위협받는 모든 중동 국가들을 도울 것이라고 서약한 아이젠하워 독트린을 승인했다. 이 독트린을 근거로 미국은 요르단 정부를 도왔고, 미군을 레바논에 투입하기도 했다.(1958년) 하지만 "두 사례 모두 공산주의가 지배하는 나라의 '노골적인' 공세가 있었다는 진정한 증거는 없었다."[9] 케네디 대통령은 1963년에 아이젠하워 독트린을 재확인했다. 1965년에 존슨 대통령은 아시아의 어느 나라든 정부의 요청이 있으면 공산주의 성향을 지녔다고 의심되는 혁명 운동을 진압하는 데 미국의 경제력과 군사력을 사용할 것이라고 선언했다.

---

8) *Los Angeles Times*, May 1, 1957.

9) Ibid.

미국 대통령들이 공연히 이런 선언을 한 것은 아니다. 소련과 중국의 공산주의 지도자들이 미국의 경제 체제를 무너뜨리고, 비(非)공산주의 국가에 공산주의 정부를 수립하기 위한 '해방 전쟁'을 조장하고 지원할 것임을 거듭 노골적으로 밝힌 바 있었다. 우리 시대에 거의 모든 혁명 운동은 공산주의 색채를 띠고 있으므로, 미국은 군사를 보내 부글부글 끓어오르는 혁명의 기운을 누르는 데 전력을 다하고 있다. 가난한 국민들이 경제적 착취나 정치적 독재에 항거하여 일어날 때마다 우리는 위험에 빠진 정부의 요청으로 반란을 진압해야 한다.(우리의 서약에 선거로 선출된 정부가 보수적인 군대의 공격을 받는 경우에도 돕는다는 내용은 없다.) 전 세계의 가난한 사람들을 향해 공산 국가가 그들의 친구이고 우리는 적이라고 선언하는 꼴이다. 독립 전쟁이라는 혁명으로 태어난 미국이 스스로 신성 동맹, 즉 1815년에 메테르니히가 유럽에서 일어나는 모든 혁명 운동을 억누르기 위해 헌정한 신성 동맹*과 비슷한 것이 되었다. 이것도 아메리칸드림의 일부였던가?

역사 속에서 미국의 역할에 대한 이 새로운 시각을 최대한

---

* 1815년에 러시아와 오스트리아와 프로이센 사이에 체결된 동맹. 자유주의 반란이나 폭동이 발생할 경우 무력으로 진압한다는 내용이 포함되어 있다.

좋은 쪽으로 해석해 보자. 국무부 관리가 다음과 같이 말한다면 어떨까.

히틀러의 만행과 슬라브족의 지배로부터 서유럽을 구원한 미국은 극동의 친구들과 동맹들이 점점 팽창하는 공산주의 중국의 힘에 직면하고 있음을 알고 있다. 영국은 이제 예전처럼 아시아에서 백인들의 권리, 이득, 문명을 보호하기 위해 자금을 지원해 줄 능력이 없다. 다른 강대국이 이 역할을 떠맡지 않는다면, 다른 인종이 서구 기술을 미친 듯이 받아들이고 있을 뿐만 아니라 수적으로도 우세하기 때문에 서유럽과 미국이 아시아와 아프리카에서 점점 세력을 키워 가는 동맹에 종속되는 결과가 필연적으로 뒤따를 것이다. 중국의 팽창을 저지하기 위해 즉시 효과적인 조치를 취하지 않는다면, 백인들은 20세기에 이류 시민으로 전락할 수밖에 없을 것이다. 중국은 동남아시아(캄보디아와 라오스, 베트남과 태국, 인도네시아, 말레이시아, 싱가포르)에서 한 발 한 발 세력을 다질 것이다. 그리고 나면 대만과 필리핀은 물론 아마 일본까지도 핵무기를 갖추고 점점 팽창하는 중국에게 휘둘리는 처지가 될 것이다. 이것이 현실적인 위험임은 "미국이 베트남에서 취한 입장과 베이징의 정치적 격변으로 동남아시아의 비(非)공산주의 국가들이 자신의 미래에 대해 더 자신감을 갖게 된 듯하다."[10]라는 보도로 증명되었다. 뿐만 아니라 오스트레일리아와 뉴질랜드도 점점 목을 죄어 오는 중국에 맞서 방어에 나서지 않는다면 외국에서 온 이민자들과 외세로 인해 기존의 생활과 국가 체제가 바뀌는 경험을 하게 될 것이다.

백인이 다른 인종에 비해 선천적으로 우월하다고 주장하려는 것이 아니다. 우연히 백인으로 태어난 우리가 자신과 비슷한 사람들을 지켜야 한다는 의무감을 느낄 뿐이다. 설사 그들이 과거에 실수와 죄를 저질렀다 해도 어쩔 수 없다. 중국의 힘이 팽창하면 서유럽과 미국이 동방의 동맹국, 시장, 제품, 상업시설, 무역로를 잃게 될 것이라는 사실을 굳이 강조할 필요는 없을 것이다. 이렇게 되면 서유럽은 그렇지 않아도 이미 부족한 역내 천연자원에만 의존해서 원료와 연료를 구해야 한다. 이탈리아와 프랑스에서는 공산당이 힘을 얻어, 심하면 정부를 손에 넣는 지경까지 갈지도 모른다. 라틴아메리카는 끊임없이 혁명을 조직하는 공산주의자들로 넘쳐날 것이다. 그리고 동맹국들을 잃어버린 미국은 공산주의의 바다에 에워싸인 처지가 될 것이다.

이런 우려가 다소 과장된 것이라 해도, 미국이 문제가 두 배, 세 배로 커져 적들이 문 앞에 나타날 때까지 무기력하게 앉아만 있기보다 처음부터 나서서 외국에서 위험에 맞서 싸우는 편

---

10) *New York Times*, April 30, 1967.

이 더 현명하지 않겠는가? 선견지명이 있는 사람들에게만 보이는 목적을 위해 아들들을 먼 나라의 전장으로 파견하는 일을 우리 국민들이 선천적으로 반기지 않는다는 사실은 우리도 안다. 그러나 만약 우리의 근시안적인 태도, 꾸물거리는 버릇, 비겁함 때문에 우리 손주들이 다른 강대국들에 에워싸여 휘둘리는 처지가 된다면, 그들이 우리를 어찌 생각하겠는가? 우리는 반드시 여러 세대가 지난 수백 년 뒤의 미래까지 생각해야 한다.

강력한 주장이다. 미국에서 빈곤과 인종 불평등의 뿌리를 뽑겠다는 웅대한 계획이 실패하고 국민들의 애정을 잃을지도 모른다는 위험을 무릅쓰고 이런 주장을 따르기로 결심한 대통령의 영적인 외로움과 분노를 나도 어느 정도는 이해할 수 있다. 내가 화를 내는 부분은, 대통령이 어떤 문제와 책임을 짊어지고 있는지 직접 경험해 보지도 못했으면서 무작정 대통령의 정책을 거부하는 사람들이 그에게 비이성적이고 상스러운 욕을 퍼붓는다는 점이다. 대통령은 나처럼 상아탑에 박혀 있는 사람들에게는 이해하기 어려운 정치적인 일들을 이해하기 위해 평생을 바친 사람이다. 하지만 나는 비록 신앙을 상당 부분 잃어버렸을지언정 (니체의 책을 10여 권이나 읽은 지금도) 여전히 '날 때부터 그리스도교적인 영혼(anima naturaliter Christiana)'으로 남아 있으므로 "가난한 자에게 복음을…… 포로 된 자에게 자유를…… 눌린 자를 자유케"(누가복음 4장 18절) 하기를 바란 사람 좋은 갈릴리인의 말을 귀하게 여긴다.

본토에서 8000킬로미터나 떨어진 곳에 군사 기지를 세우고 물자를 쌓아 두거나, 헤아릴 수 없이 많은 전쟁의 씨앗이 포함된 정책으로 미국을 제국으로 세우자는 외침은 내 마음을 별로 움직이지 못한다. 그보다는 우리가 문 앞에 나타난 이방인에게도 그리스도교인답게, 또는 신사답게 행동해도 되는 날이 언젠가 올 것이라는 희망이 더 마음에 와닿는다. 나는 가난한 나라에 식량을 수출하고 기술을 원조하는 방법, 위험에 처한 정부들에게 복지 국가가 되라고 조언하는 방법, 그런 나라의 대지주들을 다그쳐서 땅을 더 많은 사람이 나눠 갖게 하는 방법, 임금을 올리면 시장이 확대돼서 이윤이 늘어나고 경제가 안정되며 정치적 평화도 이룰 수 있다고 거물 기업인들을 설득하는 방법이 더 인간적일 뿐만 아니라 비용 측면에서도 이득이었을 것이라고 믿는다.

오래전 나는 공개적인 방식(예를 들어《뉴욕 월드 텔레그램》1961년 9월 19일 자에 기고한 글과 같은 방식)으로 거듭해서 중국이 비록 공산혁명을 겪었지만 문명으로 인정받아 마땅하다고 주장했다. 공산혁명은 인간의 본성으로 인해 오랜 역사 속에서 일시적인 사건으로 지나가 버릴 테지만, 중국은 정치,

도덕철학, 문학, 예술의 유산이 풍부한 나라다. 그래서 나는 우리가 중국의 혼란한 상황을 참을성 있게 지켜보며 우정의 손을 내밀어 그 나라가 유엔에 가입하는 것을 반대하지 말고 오히려 도와주어야 할 것이라고 주장했다. 나는 이 방법이 세계의 정치적 평화와 군사적 평화를 위해 더 나았을 것이라고 생각한다. 미국이 단호하게 팽창을 삼가고 먼로 독트린을 뒤집어서 아시아 본토에 있는 모든 나라의 내정에 간섭하지 않겠다고 서약했다면 국제 질서가 한층 더 확립되었을 것이라는 느낌이 든다. 예전에도 지금도 나는 오스트레일리아와 뉴질랜드의 안전을 명시한 공정하고 정직한 협상을 중국에 제의했다면 상호 불이해와 오해와 증오와 전쟁으로 점철된 정책에 비해 더 나쁜 결과가 나오지는 않았을 것이라고 확신한다. 하지만 그런 협상을 시도하지 않았기 때문에 세계에서 가장 인구가 많은 나라이자 곧 세계 최강대국 반열에 오를 나라가 앞으로 몇 세대가 지나도록 우리의 적으로 남을 것이다. 우리가 자손들에게 미움을 유산으로 남겨 줌으로써 10억 명이나 되는 사람들과 갈등을 빚는 미래가 예상된다.

마키아벨리를 비롯해서 그 이전과 이후의 수많은 정치가들이 개인에게 하듯 정부에 도덕과 법으로 제재를 가하는 것이 현실적으로 효용이 없다고 주장했다는 사실은 누가 말해 주지 않아도 나 역시 잘 알고 있다. 정치를 하는 사람들이 정부는 국익을 위해 필요하다고 판단되면 거짓말, 도둑질, 살인에 거리낌이 없어야 한다는 생각을 대개 행동으로, 가끔은 솔직한 말로 암시해 온 것 또한 잘 알고 있다. 정부가 다른 나라를 상대하면서 십계명과 황금률을 준수하더라도 정작 상대방이 그런 규칙들을 무시할 위험이 높다는 사실도 인정한다. 그런 일을 당하더라도 정부는 어디 호소할 곳이 없다. 무고한 시민들이 상처를 입었을 때 나라의 법에 호소할 수 있는 것과는 다르다. 유엔은 안전보장이사회에 허용된 거부권과 수적으로 현실을 반영하지 못하는 총회의 구성 때문에 강대국들 사이에서 중요한 이슈에 대해 현실적으로 결정적인 힘을 전혀 발휘하지 못한다. 또한 주요 국가들 중에 당장 주권을 포기해도 좋다는 여론이 형성된 나라는 하나도 없다. 그래도 우리는 정부가 1954년의 제네바 조약에 서명함으로써 베트남의 중립성을 보장해 줄 것이라고 기대할 권리가 있다. 우리의 경제적 이익을 위해 점점 심하게 내정 간섭을 하다가 전쟁으로 치닫기보다는 협상의 여지가 남아 있을 것이라고 기대할 권리가 있다. 미국이 인류에게 보여 주고자 했던 꿈을 잃어버리느니 차라리 제국을 잃어버리는 편이 나을 것 같다.

지금도 나는 우리 대통령이 남베트남 정부의 동의를 얻어 호치민과 베트콩에게 (1) 양편 모두 한 달 동안 모든 군사적 공격이나 진군을 멈추고(군사적인 준비 태세를 확인하거나 미리 막을 수는 없다.) (2) 남베트남에서 중립국의 감시하에 모든 성인이 참여하는 자유 선거를 통해 새로운 정부를 구성하고 (3) 베트콩을 새로운 정부와 협상의 참가자로 인정하며 (4) 선거를 통해 수립된 정부가 질서를 유지할 수 있게 되면 미군은 남베트남에서 단계적으로 철수하고 (5) 전쟁 피해를 복구하고 남북 베트남에서 모두 경제 발전을 촉진하기 위해 대규모 원조를 약속한다는 제안을 내놓는 모습을 보고 싶다.

나는 마음 여린 풋내기가 캘리포니아의 산 위에 앉아 매일 그리스도가 십자가에 못 박히는 현실을 슬퍼하는 소리에 대통령이 귀를 기울일 것이라는 헛된 망상은 품지 않는다. 상황이 워낙 빠르게 변해 가고 전쟁에 관련된 세 정부의 결정이 우리와도 깊숙이 관련되어 있기 때문에, 대다수 미국인들은 정확한 예측은 불가능하지만 아마도 대격변이 될 마지막으로 이어질 힘의 정책을 받아들이기로 한 것 같다. 하지만 우리 자손들이 이 값비싼 수업에서 뭔가 배울 수 있을 것이며, 상대가 아무리 오만무례하게 굴더라도 증오와 전쟁보다는 평화와 우정을 위해 용감하게 노력해서 우리가 젊은 시절에 사랑했던 미국의 모습을 되돌려 놓을지도 모른다는 희망을 버리지 말자. 희망은 삶의 기둥이다.

17

정치에 대하여

이 책을 준비하면서 나는 낡은 경구들과 주장들을 되풀이하지 않으려고 1929년에 들끓는 감정으로 쓴 책 『철학의 저택』을 자주 들여다보았다. 그러다 가끔은 내 젊은 날의 언변에 감탄하기도 했다.(당시 내 나이 마흔네 살은 철학에서 유년기에 해당한다.) 하지만 내 펜에서 나온 글 중 가장 일방적이고 불공평하고 미숙한 내용이 들어 있는 장을 읽을 때는 충격을 받았다.

'민주주의는 실패작인가?'라는 제목이 붙은 그 장은 미국에서 드러난 민주주의의 온갖 문제점들을 열정적으로 묘사했다. 잘못된 정보와 오해를 바탕으로 생각 없이 열정적이기만 한 여론에 의존하는 것, 말 잘 듣는 평범한 사람들을 선호하는 정치 조직들이 후보 지명을 좌우하는 것, 부패하고 무능한 공무원들, 가진 자들과 로비 앞에서 비굴한 의회와 입법부, 선거 운동을 하느라 너무 바빠서 생각할 시간이 없는 정치 지도자들. 이런 문제점들에 대한 나의 처방은, 대학 내에 행정, 외교, 정부 전문 학교를 세우는 것, 이런 학교 졸업생에게 자동적으로 공무원 후보가 될 자격을 주는 것, 그들이 대도시 시장으로 두 번 임기를 채운 뒤 자동으로 주지사출마 자격을 주는 것, 그들이 주지사로 두 번 임기를 채운 뒤 자동으로 연방 의원 출마 자격을 주는 것, 그들이 상원 의원으로 두 번 임기를 채운 뒤 자동으로 대통령이나 부통령 출마 자격을 주는 것이었다. 당과 조직이 후보를 지명하는 절차는 유지하고 모든 사람에게 문호를 개방하되, 교육 수준이 후보 자격을 좌지우지할 수 없게 했다. 또한 의대생이나 법대생이 전공에 따라 특별한 교육을 받는 것처럼 행정에 관해 특별한 교육을 받은 사람을 당이 가끔 후보로 지명하는 것도 가능했다. 나는 이 멋진 시스템을 지금도 소중히 여기고 있다. 지금까지 많은 대학들이 정부 운영과 관련된 전문 학교를 설립한 것을 보면 기쁘기도 하다. 하지만 이 두 가지를 제외하면, 배은망덕과 심술을 부끄러운 줄 모르고 터뜨린 글이라서 내 것이라고 인정하고 싶지 않다.(내가 운 나쁘게 앞으로 몇 년 뒤에도 살아서 지금 이 글을 다시 읽게 되는 상상을 하면 몸이 부르르 떨린다.)

1929년 이후로 미국의 민주주의는 결점에 못지않은 성과를 거두었다. 우선 시장, 주지사, 대통령의 질이 높아졌다. 프랭클린 루스벨트, 피오렐로 라과디아, 존 린지, 넬슨 록펠러는 용기, 성실성, 미래를 향한 안목으로 우리에게 영감을 주었다. 연방 정부는 불경기, 인종 위기, 두 차례의 세계대전이라는 도전에 잘 대처했으며, 여론을 크게 앞서 나간 정책이 나중에 큰 찬사를 받는 경우도 많았다. 정부는 경영자뿐만 아니라 노동자들에게도 많은 양보를 했고, 고리대금업자에게서 채무자를 보호하는 정책을 시작했으며, 포장과 라벨로 소비자를 속이는 사람들에게서 구매자를 보호하는 정책도 시행했다. 자본주의의 가혹함을 복지 정책으로 누그러뜨려 미국 경제를 구해 내기도 했다.

많은 성실한 보수주의자들이 복지 제도를 생물학적으로 불합리하다며 불신하는 것을 잘 알고 있다. 그들은 사람이 선천적으로 노동을 싫어하기 때문에 굶주림이나 결핍에 대한 두려움이 자극제로 작용해야만 일을 하려고 나선다고 믿는다. 빈곤은 고용주와 피고용인 사이의 불평등한 관계 때문이 아니라 가난한 사람의 몸과 마음이 날 때부터 열등한 탓이라고 주장하는 사람들도 있다. 가난한 사람은 사회라는 유기체의 자연 폐기물이라는 니체의 말에 남몰래 동의하며, 우리 모두 이 사회의 꼴사나운 요구에 군건히 몸을 맡겨야 한다고 주장할 사람도 소수이지만 있을 것이다. 가난한 사람들이 선거권을 이용해서 부유한 피터의 재산을 강탈해 게으른 폴에게 준다면 민주주의가 붕괴할 것이라는 토머스 매콜리의 경고가 기억난다. 폴리비오스도 기원전 130년에 같은 생각을 피력했다.

그들(대중 지도자들)이 명성에 대한 어리석은 갈망으로 대중 사이에 선물에 대한 욕망과 선물을 받는 버릇을 만들어 놓는다면, 민주주의가 폐지되고 힘과 폭력에 의한 통치로 변질될 것이다. (……) 다른 사람들의 희생으로 먹고살면서 타인의 재산에 생계를 의존하는 데 익숙해진 국민은 (……) 완벽한 야만인으로 퇴화해서 다시 주인과 군주를 찾으려 한다.[11]

이 그리스 역사가는 플라톤의 주장을 따라 민주주의가 과해지면 독재로 변질될 것이라고 생각했다.

이런 위험은 실존한다. 수많은 사람들이 연금, 생활 보조금, 실업 수당을 이용해서 오랫동안 나태한 생활을 하고 있다

---

11) Polybius, *The Histories*, III, vi, 5.

는 것, 많은 피고용인들이 혹시 생활 보조금을 받을 수 있을까 하는 마음에 처자식과 따로 살고 있다는 것, 공공 자금으로 게으른 생활을 하는 사람들 때문에 지방 자치 단체와 연방 정부의 금고가 비어 가고 있으며 계속 오르기만 하는 세금이 이 금고를 지탱하고 있다는 것은 나도 인정한다. 그래도 복지 정책은 반드시 유지되고 확대되어야 한다.(이 부분에서 우리는 영국에 한참 뒤처져 있다.) 인간으로서 품위를 지키기 위해서뿐만 아니라 국내에서는 계급 갈등, 해외에서는 경쟁에 대비한 보험으로서도 필요하다.

국민들의 구매력이 생산력과 함께 차근차근 증가해야만 미국 경제가 번성할 수 있다는 것은 다행한 일이다. 생산력은 기술, 경영 상태, 숙련도가 좋아질 때마다 거듭 증가한다.

우리는 다른 글에서 모든 사람이 불평등하게 태어난다고 주장했다. 선천적인 불평등은 생산 기술의 복잡성 때문에 세월과 함께 점점 커지며, 그 결과 한곳에 집중된 부는 생산의 기계화와 가속화에 주로 투자된다. 그렇게 생산량과 소비 사이의 간격이 점점 커지다가 어느 시점에 이르면, 소비와 보조를 맞추기 위해 생산 속도를 줄이게 된다. 하지만 생산 속도가 줄어들면 총임금도 줄어들기 때문에 빈부 격차가 더욱 커져서 자유로운 기업 활동을 위협하게 된다. 이런 악순환을 가장 적은 비용으로 대체할 방법은 자본주의의 열정과 자극으로 생성된 부를 더 널리 분배하는 것이다. 1933년부터 1965년까지 미국 정부는 노동자들이 조합을 결성해서 협상력을 기르게 하는 방법, 소득과 재산에 대한 누진세 확대, 공공 보건, 치안, 교육, 여가 활동, 고용 증진을 위해 공적인 비용을 지출하는 방법 즉 복지 정책을 확대하는 방법으로 부의 분배를 달성했다. 이 성과는 파시스트 독일과 제국주의 일본을 눈부시게 격퇴한 일에 버금갈 만큼 우리 시대에 미국 정치가 이룩한 가장 중요한 업적이다.

주로 이런 이유로 나는 1916년부터 공화당보다 민주당을 지지했다. 1928년에 허버트 후버를 지지했을 때만 예외다. 그해에 민주당 전당 대회에 스크립스하워드 계열 신문사들의 나이 많은 수습기자로 취재를 나간 나는 프랭클린 루스벨트의 멋진 외모와 활기에 사로잡혔다. 루스벨트는 앨프리드 스미스를 대통령 후보로 지명했다. 나는 종교 때문에 발이 묶인 스미스보다는 루스벨트를 후보로 지명하는 편이 현명할 것이라고 넌지시 말했지만, 물론 아무도 내 말에 귀를 기울이지 않았다. 하지만 1932년에는 내 뜻이 이루어졌고, 나는 루스벨트가 살아 있는 동안 계속 그에게 투표했다. 내 생각에 그는 미국의 가장 위대한 대통령 중 한 사람이다. 루스벨트는 1941년에 프랑스와 영국을 도움으로써 해외에서 민주주의를 구출했고, 연방 정부를 자본의 시종이 아니라 공공의 복리를 위한 도구로 만들어 국내에서도 민주주의를 구출했다. 그와 그의 후임자들 덕분에 단단히 조여지고 강화된 미국 체제는 모든 도전과 비교를 이겨 낼 수 있었다. 우리 후손들은 그에게 동상을 세워 줄 것이다.

빈곤과의 전쟁은 이제 시작 단계다. 사상 유례가 없는 방대한 사업인 만큼 실수의 가능성이 얼마든지 있다. 도시에서 점점 커지는 빈민가와 우리 가슴속에 남아 있는 인종 감정도 장애 요인이다. 그런 면에서 서유럽은 미국보다 운이 좋은 편이다. 미국 공무원들보다 훈련이 잘 된 공무원들이 유럽의 도시들을 잘 관리하고 있고, 사회 질서의 전통이 세월과 그들만의 특징 속에 깊이 뿌리 박혀 있으며, 사회에 통합되지 못한 소수 집단의 규모가 비교적 적다.

나는 매년 한 번씩 뉴욕을 찾을 때마다 경악을 금치 못한다. 외국인 이민자들, 다른 곳으로 떠나는 백인들, 집단별 출산율 차이 등이 한꺼번에 작용해서 미국 최고의 도시인 뉴욕이 점점 혼란해지고 있기 때문이다. 가난한 백인들이 모여 사는 지역을 가난한 외국인들이 에워싸고 있고, 자존심 높은 근교 주민들은 아침에 숲처럼 즐비하게 늘어선 호텔과 고층 건물로 출근했다가 오후가 되면 도망치듯 빠져나간다. 우리의 대도시들이 인종 간 증오, 계급 전쟁, 시의 재정을 위협하는 복지 지출에 시달릴 수밖에 없는 운명인 건가? 적대적인 태도를 보이는 수많은 이민자들을 어떻게 미국인의 삶 속으로 흡수할 수 있을까?

학교와 대학, 정치 제도, '공평한 기회를 주는' 경제 체제 속에서 받는 기술 교육을 통해 그들의 후손에게 유산을 물려주는 것이 방법이다. 앞으로 10여 년 동안 의심, 분노, 무질서, 폭력이 존재하겠지만 그런 것들은 차차 가라앉을 것이다. 100여 년 전 무지당*이 폭동을 선동하며 미국을 들쑤셨을 때에는 가톨릭 신자가 되는 것이 위험한 일이었다. 그런데 지금은 가톨릭 신자가 아닌 사람들이 위험에 처한 도시가 많다. 내가 젊었을 때 이탈리아 이민자들은 미국에서 도랑이나 파는 일을 했다. 지금은 이탈리아계 미국인들이 미국에서 가장 큰 은행을 지배한다.

지난 반세기 동안 미국의 유대인들이 이룩한 발전을 생각해 보라. 내가 젊었을 때 그들은 뉴욕 로워이스트사이드에 사는, 삶에 지치고 가난한 사람들이었다. 지금은 그들의 후손들이 로스앤젤레스에서 그 누구보다 부유하고 존경받는 사람들로 번성하고 있다. 역사는 검은 피부의 형제자매들 또한 비슷하게 일어설 수 있으리라는 희망을 막지 않는다. 인

---

* Know Nothing Party, 1850년대 미국에서 이민자들과 가톨릭 신자들이 권력을 얻는 것을 막기 위해 활동한 정당.

종의 도가니는 지금도 서로 녹아서 섞이고 있지만, 그것은 서로 피가 섞였다기보다 교육 수준과 생활 수준이 높아졌기 때문이다. 통합을 지연시킨 것은 피부색의 차이와 지나치게 많은 이민자들이지만, 오늘날 미국에는 번영을 구가하는 소수 집단이 헤아릴 수 없을 만큼 많이 존재한다. 누구나 무료로 학교 교육을 받고, 지성과 책임감을 발전시킬 수 있는 자리에 전보다 쉽게 올라갈 수 있는 체제가 앞으로 50년 동안 더 지속된다면, 그런 소수 집단이 또 얼마나 늘어날까?

나는 우리의 교육 제도에 대해 다른 사람들이 가하는 유용한 비판을 줄곧 주의 깊게 살펴보았다. 나의 의견은 체계적인 연구가 아니라 공립 학교, 사립 학교, 단과 대학, 종합 대학에서 학생들을 가르친 경험에서 우러난 것이다. 하지만 이 경험은 모두 1938년 이전의 것이다. 나는 학생들에게 지식, 사고력, 절제를 가르치는 데서 유럽의 학교와 대학이 우리보다 낫다고 본다. 우리의 교육 제도에서 내가 믿는 것은 교육의 질이 아니라 학교의 수와 교육 대상의 광범위함이다. 학교들이 비판을 받아들여 느슨한 부분을 확인하고, 쓸데없는 겉치레를 버리고, 소수 인종을 포함한 전 국민의 정신 수준을 높이는 것이 보인다. 이것은 냉담한 반응, 편견, 납세자들의 반감에 맞선 영웅적인 사업이다. 최후의 순간에 내가 믿는 것은 미국인들의 용기와 교육 제도다. 이것들이 미국을 역사 속에서 정당화해 줄 것이다.

　나는 민주주의의 여러 결점을 알고 있다. 그리고 그것들을 너무 쉽사리 떠들어 대고 비난했다. 나는 또한 역사와 여행을 통해 다른 형태의 정부에 대해서도 알게 되었다. 루이 14세와 그가 입었던 호화로운 의복들, 베르사유의 화려함을 책에서 읽었다. 하지만 나는 많은 돈을 들여 치장한 그 겉모습 뒤에서 비인간적인 삶을 살아가는 농민들을 보았다. 라브뤼예르의 유명한 책*에 그들의 모습이 묘사되어 있었기 때문이다. 나는 워싱턴과 로스앤젤레스를 모스크바나 베이징과 바꾸고 싶은 생각이 없다. 귀족 정치나 군주제 국가, 또는 귀족적인 특권의 방해를 받는 민주주의 국가보다는 우리 같은 민주주의 국가에서 유능한 사람들이 능력을 갈고 닦아 영향력을 발휘할 수 있는 기회가 더 많다. 나는 미국에서 누릴 수 있었던 생각의 자유에 감사한다. 다른 나라에서 살았다면 이렇게 탁 트인 자유를 누릴 수 없었을 것이다.

　많은 문제점들이 우리의 기록에 얼룩을 남기고 있다는 사실은 나도 안다. 공격적인 전쟁, 유치한 국수주의, 정치 부패, 경제적인 속임수, 인종 간 불평등, 범죄 증가, 이혼, 도덕 쇠퇴, 퇴폐적인 예술 등이 그렇다. 인간의 본성이 변해서 우리

＊『성격론(*Les Caractères*)』을 말한다.

로 하여금 죄를 짓고 나쁜 짓을 저지르게 만드는 생물학적 원인이 사라지는 날이 올 것이라는 기대도 없다. 이런 문제들을 생각하면 비관주의자들의 외침이 정당하고 유용하다. 하지만 내 눈에는 최악의 것들뿐만 아니라 최고의 것들도 보이기 때문에 나는 내 나라를 위해 변명하지 않을 것이다. 만약 건국의 아버지들이 다시 살아난다면, 우리가 빈곤, 고된 노동, 문맹률, 폭정을 이만큼이나 줄여 놓은 것을 보고 경탄할 것이다. 토머스 모어, 새뮤얼 버틀러, 에드워드 벨러미, 허버트 조지 웰스가 묘사했던 유토피아의 많은 부분이 이미 실현되었다. 거기에 덧붙여 보편적인 교육, 성인들의 참정권, 언론과 집회결사와 종교의 자유도 실현되었다. 18세기 철학자들이 꿈꾸고 희망하던 일이 현실이 된 것이다.

앞으로도 계속 불평하고, 요구하고, 반항하자. 이것도 우리의 미덕 중 일부다. 하지만 지금껏 행운을 누려온 내가(나와 같은 생각을 하는 미국인이 아주 많을 것 같다.) 나를 이 자유로운 땅에 놓아준 운명의 여신에게 감사하지 않는다면 은혜를 모르는 최악의 망나니가 될 것이다.

18

자본주의와 공산주의에 대하여

우리는 왜 나이를 먹을수록 보수적이 되는가? 기존 체제 안에서 자리를 잡고, 소득이 높아지고, 사회에 의미심장한 변화가 일어난다면 투자한 돈이 손실로 변할 것 같아서인가? 이것이 주요 원인이라고 나는 믿는다. 하지만 그 외의 이차적 원인도 있음을 인정해야 한다. 보수주의자들이 근본적인 원인이라고 주장하는 것, 즉 나이를 먹을수록 인간의 본성에 대해, 인간의 행동이 이상 실현에 제한을 가한다는 점에 대해 더 많이 알게 된다는 점 말이다. 뿐만 아니라 나이를 먹을수록 활력이 떨어진다는 생리적인 원인도 있는 듯하다.

내가 충실한 극단주의자에서 신중한 자유주의자로 돌아

선 것이 그런 변화를 잘 보여 준다고 할 수 있다. 하지만 이로 인해 독자들이 나의 결론을 에누리해서 듣게 될지도 모르겠다. 나는 다른 곳에서도 이 이야기를 한 적 있는데, 여기서는 간략히 요약해서 말하겠다. 확고한 공화당 지지자이며 가톨릭을 믿는 집에서 자란 나는 한 해(열아홉 살 때인 1905년경)만에 불가지론*과 사회주의에 몸을 던졌다. 그리고 1909년에는 사제가 되어서 교회에 영향을 미쳐 사회주의 사상을 지지하게 만들 수 있을지도 모른다는 망상을 품고 가톨릭 신학교에 들어갔다. 1911년에는 그 학교를 그만두고 뉴욕에서 페레르 모던 학교의 유일한 교사 겸 중요한 학생이 되었다. 스페인에서 교회가 학교를 지배하는 것에 반발하다가 순교한 사람의 이름을 딴 이 학교는 에마 골드먼, 알렉산더 버크먼, 해리 켈리, 레너드 애벗 등 무정부주의자들과 사회주의자들로 구성된 위원회가 운영했다.

에마 골드먼은 자유의 이론가이자 권위적인 사도였고, 버크먼은 성실하고 호감 가는 노동 운동가로서 스물두 살 때(1892년) 카네기 철강 회사의 사장인 헨리 클레이 프릭을 죽이려고 시도한 적이 있었다. 1919년에 소련으로 추방된 그는

* 인간은 신을 인식할 수 없다는 종교적 인식론으로, 유신론도 아니고 무신론도 아니다.

그곳이 자신의 이상과 반대되는 곳임을 알고 프랑스로 이주해서 환멸과 절망 속에 살다가 1936년에 자살했다. 해리 켈리는 지칠 줄 모르는 헌신적인 인물로, 내가 무정부주의보다는 사회주의를 추종한다는 이유로 잡지 《어머니 지구(*Mother Earth*)》에 내 글을 싣는 것에 반대했다. 그때 나는 반체제 운동가들도 다른 사람들과 똑같은 본능을 갖고 있으며, 무모한 행동을 막아 주는 신중함이 없다는 사실을 알았다. 레너드 애벗은 대단히 교양 있는 '철학적 무정부주의자'였으며, 자유와 반항을 믿었지만 열린 마음과 너그러운 품성이 중화제 역할을 했다. 우리는 그를 '급진주의 운동의 천사'라고 불렀다. 그는 내가 만난 최고의 사람들 중 한 명이었다.

나는 1905년부터 1916년까지 사회주의를 신봉하다가, 우드로 윌슨의 재선을 위해 뛰면서 신념을 배반했다. 사회주의 일간지인 《뉴욕 콜》은 '우리는 이런 인간들을 안다'는 제목의 신랄한 사설로 내 변절에 낙인을 찍었다. 나는 에이머스 핀챗의 '윌슨 자원단'에 들어가 뉴욕주를 돌며 유세에 참가했다. 그때(1916년) 이미 정치철학자로서 뚜렷한 명성을 쌓은 월터 리프먼은 회관이나 극장에서 많은 청중을 상대로 연설했고, 나는 거리에 모인 소규모 군중을 상대로 연설했다. 윌슨은 뉴욕주에서 패배했다.

선거 뒤에도 나는 사회주의에 계속 공감하다가 러시아 혁명(1917년)으로 다시 불이 붙었다. 나는 러시아 혁명이 온 인류를 위한 축복이라고 환호했다. 이 믿음은 한동안 흔들리지 않았지만, 1932년에 에어리얼과 함께 시베리아와 소련의 유럽 지역을 여행하면서 달라지기 시작했다. 우리가 그곳에서 본 것은 유토피아가 아니라 혼돈, 단체화, 야만, 굶주림이었다. 환멸이 너무 심해서 우리는 그 뒤 결코 예전 모습으로 돌아가지 못했다. 나는 서둘러 잡지들에 글을 기고했고, 그것을 모아 『러시아의 비극』이라는 작은 책을 펴냈다.(1933년) 그 때문에 나는 뉴욕의 급진주의자들과 지식인들 중 많은 친구를 잃었다.

물론 내가 1932년에 소련에 대해 내린 판단은 어리석은 것이었다. 역사에 중독되어 있었으면서도 그곳의 끔찍한 상황을 과거에 비추어 해석하지 못했다. 나는 러시아가 수백 년 전부터 심한 착취와 가난을 경험했음을 잊었다. 질서와 경제를 산산이 부순 전쟁을 겪고 패전했다는 사실도 잊었다. 새로이 소련으로 거듭난 나라가 독일에서 일본에 이르기까지 10여 군데의 전선에서 적들과 과거의 동맹국들을 물리치는 데 살아남은 국민들과 자원을 동원할 수밖에 없었다는 사실도 잊었다. 그 모든 혼돈을 담금질해서 질서를 벼려 내거나 고통과 굶주림을 풍요와 만족으로 바꿔 놓기에는 15년이라는 세월이 충분하지 않다는 사실도 잊었다. 1917년의 경제적 혼란, 높은 문맹률, 지방 정부와 중앙 정부의 붕괴로 인해 평화롭게 잘 굴러가는 민주주의 정부를 세우기가 불가능했음을 미처 깨닫지 못했다.

1917년부터 1932년까지 소련은 전쟁 중이었으며, 침략과 분열이라는 적들에게 포위되어 위협받고 있었다. 그래서 그런 상황에 처한 나라가 할 수밖에 없는 일을 했다. 민주주의는 질서, 안정, 평화가 있어야만 가능한 사치품이라며 일단 옆으로 밀어 두고, 재앙의 유일한 대안으로 독재 정권을 수립한 것이다. 그 시기의 공산주의는 전시 경제 체제와 같았다. 만약 세계대전이 한 번 더 벌어진다면 우리도 그런 체제에 의지해야 할 것이며, 전쟁의 위협과 공포가 얼마나 끈질긴가에 따라 그 체제의 지속성이 결정될 것이다.

어쨌든 그 무자비한 독재 정권은 놀라운 성과로 세상을 깜짝 놀라게 했다. 50년 만에 소련이 지구상에서 가장 강한 나라 중 하나가 된 것이다. 가뭄, 기근, 폭동, 숙청, 집단 수용소, 수많은 경제적·정치적 정책 실수에도 불구하고 소련 정부는 국민들을 비참한 지경에서 건져내, 차르 시절에는 경험한 적이 없는 번영을 누리게 해 주었다. 소련이 군사적 재조직과 군비에 자원과 인력을 그토록 쏟아야 하는 상황이 아니었다면 서유럽과 맞먹는 수준까지 번영할 수 있었을지도 모른다. 비록 1941년에 당시 존재하던 모든 군대 중에서 가장 강하고, 훈련과 무장이 가장 잘 되어 있고, 지휘관들도 가장 뛰어난 군대가 소련을 공격했지만, 그래서 소련 군대가 소련 영토 중 유럽 지역을 전부 내주고 스탈린그라드까지 밀려났지만, 병사들과 국민들은 영웅적인 용기와 끈기로 침략자들을 다시 베를린까지 쫓아내고 2차 세계대전에 종지부를 찍었다. 이런 역사적인 회복을 가능하게 한 것은 미국의 물자였지만, 그것을 현실로 만든 것은 소련인들의 피땀이었다.

프랭클린 루스벨트가 20세기에 가장 빛나는 지도력을 발휘해서 구상한 복지 국가는 위험한 불황에 종지부를 찍는 동시에 공산주의의 도전에도 맞서기 위해서였다. 트루먼 대통령은 이 평화로운 혁명을 한 발 더 이끌고 나아갔고, 존슨 대통령은 영국 외에는 적수가 없을 만큼 이 정책을 확대했다. 민주당 정부들은 사회주의를 실행하지 않았지만, 노먼 토머스처럼 평생 사회주의를 신봉한 사람들도 자신의 삶이 헛되지 않았다고 느낄 만큼 자본주의와 사회주의를 결합시켜 헤겔의 합(合)을 이루어 냈다.

복지 국가의 설계자들은 자본주의의 미덕을 인정했다. 1789년 이후 자유방임주의 정부들이 인류의 획득 본능과 경쟁 본능에 허용해 준 자유가 발명, 창업, 생산, 상업에 창조적인 자극제가 되었음을 인지한 것이다. 하지만 그들은 또한 고삐 풀린 자유로 인해 경제 능력의 선천적인 불평등이 극단적인 부의 집중으로 이어졌고, 이렇게 집중된 부의 대부분이 생산 가속에 재투자되었으며, 이로 인해 체제의 생존을 위협하는 불황이 주기적으로 발생하게 되었다는 사실도 깨달았다. 국민들의 구매력이 함께 성장하지 않는다면 발명, 기계화, 유능한 경영으로 생산량이 증가한들 무슨 소용이겠는가?

따라서 점점 많은 자본주의자들이 민주당 대통령들의 지도하에 노조를 인정하고, 임금을 높이고, 이윤과 봉급 중 세금의 비중을 더 높이면 스스로를 구할 수 있을 뿐만 아니라 어쩌면 더 부유해질 수도 있음을 배웠다. 연방 정부와 지방 정부는 세율 증가 덕분에 빈민 지원, 연금, 사회 복지, 교육, 의료 지원, 공공사업에 돈을 풀 수 있었다. 소수에게 집중된 부의 일부가 분배되기도 했다. 그래서 국민들의 구매력이 계속 늘어나는 생산량에 가까워졌다. 이렇게 체제가 제대로 작동하면서 풍요가 널리 퍼졌지만, 또다시 부가 집중되면서 분배가 필요해졌다.

해가 갈수록 정부가 거둬서 나눠 주는 금액이 늘어나고, 경제 분야에서 관리하거나 통제하는 부분도 늘어났다. 사회주의가 자본주의를 파괴하지 않은 채 자본주의 체제 속에 슬쩍 끼어든 것이다. 창업, 경쟁, 이윤 추구는 여전히 자유의 자극을 받았다. 엄청나게 큰 돈을 버는 사람들도 있었다. 그들 중 일부는 사치와 향락에 빠지거나 남들에게 부를 과시하느라 돈을 탕진했다. 사교계 데뷔 파티에는 5만 달러가 들었다. 어떤 사람들은 세금을 피하려고 교육, 과학, 의학, 종교에 전반적으로 도움을 주는 '재단'을 세웠다. 하지만 새로이 만들어진 재산 중 많은 부분이 국가의 손에 떨어졌다. 그 결과 정부의 복지 정책이 확대되고, 거기에 생산 자동화와 분배 합리화가 덧붙여지면서 빈곤이 역사상 최저 수준까지 감소했다. 그래도 가난은 여전히 경계해야 하는 현실이었다. 서로 경쟁 관계인 두 체제, 즉 공산 독재 체제와 자본주의 복지 국가가 인류의 믿음을 얻기 위해 정면 승부를 벌이고 있었다.

그 둘 사이에서 하나를 선택할 때 나는 공평무사한 결정을 내리지 못했다. 나는 미국에서 태어났으므로, 내 뿌리와 친구들이 모두 여기에 있다. 그리고 내가 지금처럼 교육의 기회, 여행의 자유, 검열의 위협이 없는 저술 활동을 즐길 수 있는 것은 이곳이 오로지 민주주의 체제이기 때문이다. 내가 누리던 자유 중에 제한된 것이 있기는 하다. 예를 들어 내가 공산주의 국가인 중국을 방문하려고 하면 내 여권이 취소될 것이다. 하지만 아직 많은 자유가 남아 있다. 파업을 하거나 팻말 시위를 벌일 수도 있고, 아주 근본적인 문제에서까지 우리 정부를 비판할 수도 있다.

대개는 국내의 자유가 국외의 위험과 반비례 관계를 이룬다. 위험이 커질수록 자유가 줄어든다는 뜻이다. 실제로 비행기와 미사일 때문에 바다가 외부의 공격으로부터 우리를 지켜 주는 힘이 줄어들어 미국 내에서 자유가 줄어들었다. 교통과 통신 기술의 발달로 국경의 장벽이 낮아지자, 주요 국가들은 모두 자유를 갉아먹고 질서를 강요하는 거미줄에 붙들려 버렸다. 세계대전이 또 일어난다면 전쟁에 참여하는 나라들은 모두 독재 국가일 것이고, 경제적으로는 사회주의 국가일 것이다.

서로 경쟁하는 체제들은 저마다 결점이 있고, 지금까지는 경쟁 관계가 그런 결점을 줄이는 데 공헌했다. 자본주의는 지금도 주기적으로 생산과 소비 사이의 불균형, 광고와 라벨과 거래에서 고개를 내미는 거짓말, 경쟁자를 무참히 무너뜨리려는 대기업들의 시도, 심지어 숙련된 노동자조차 기계로 대체되면서 발생하는 비자발적인 실업, 비정상적인 부의 집중으로 인해 피어오르는 빈곤층의 분노 등 여러 문제를 겪고 있다. 공산주의는 소비자들이 앞으로 무엇을 원할지 정부가 미리 예견하는 체제를 자본주의식으로 수요가 생산과 공급을 정하게 하는 방식으로 대체하지 못해 애를 먹고 있다. 경쟁을 제한하는 시스템, 새로운 발명에 대한 불충분한 보상, 개인과 기업의 이윤 동기를 자극하지 않으려는 태도도 문제다.

공산 국가에서는 개인의 자유, 정치적 자유, 경제적 자유, 종교의 자유, 학문의 자유를 외치는 목소리가 더 강력해지고, 서구에서는 부자들이 더 많은 재산을 쌓아 정부의 통제에서 벗어나게 되면서 오히려 그런 자유들이 쇠퇴하는 상황이 벌어질까? 나폴레옹 전쟁이 서유럽에서 산업과 자본주의 발달을 앞당기고 남북 전쟁이 미국에서 비슷한 효과를 낸 것처럼 두 차례의 세계전쟁은 개인주의적인 자본주의에서 국가 자본주의, 즉 산업이 정부의 통제를 받는 시스템으로의 이행을 촉진했다. 인간의 본성, 갈등의 위험과 강박, 통신과 무역의 성장이 결국 서로 경쟁하는 두 경제 체제를 기본적으로 비슷한 상태로 만들어 줄 것임을 암시하는 징조가 많다.(한편 경쟁 국가들의 정부가 전쟁에 유용한 증오심을 부추기기 위해 서로의 차이가 감소하고 있음을 강조하는 경우도 있다.)

공산주의 체제와 자본주의 체제는 이미 기본적인 면에서 서로 닮은 부분이 많다. 둘 다 실제 전쟁 또는 앞으로 일어날 수도 있는 전쟁에 대비하는 데 국내 경제를 묶어 두었다는 점. 비록 한쪽은 '해방 전쟁'이라는 말로 자신의 목적을 가리고, 다른 쪽은 위험할 정도로 혼란스러운 세상에서 자신이 반드시 경찰관 역할을 해야 한다는 호소로 본의를 가리고 있지만, 양쪽 모두 세계 패권을 노리고 있다는 점. 자본의 관리자들이 지배하는 체제를 자본주의라고 규정한다면, 양쪽 모두 일종의 자본주의 체제라고 할 수 있다는 점. 미국에서는 노동자들의 생산물 중 일부를 민간 관리자들이 가져가 민간

기업에 민간 자본을 공급해 주고, 공산주의 국가에서는 노동자들의 생산물 중 일부를 공공 관리자들(사실은 공산당이라고 불리는, 국민의 극히 일부)이 가져가서 공적인 산업에 공적인 자본을 제공해 준다. 노조 결성의 자유, 임금 인상을 위한 파업의 자유, 주인을 과격하게 비판할 자유, 평화적인 방법으로 여당을 몰아낼 자유, (선거로 당선된 공직자들을 통해) 정부의 사회복지 제도, 연금 등에 스스로 표를 행사할 자유가 있는 미국 노동자들은 자신의 생산물 중 자신에게 돌아올 몫을 결정하는 데 공산 국가의 노동자보다 더 커다란 역할을 하는 것처럼 보인다. 두 체제의 공통점은, 사람을 관리할 수 있는 사람이 오로지 사물만 관리할 수 있는 사람을 관리한다는 것이다.

지금과 같은 인간 본성은 비교적 자유로운 창업 시스템에 유리한 것 같다. 모든 경제 체제가 성공을 위해서는 획득 본능에 호소해야 한다. 음식, 물건, 권력을 향한 욕망에 호소해야 한다는 뜻이다. 역사상 어느 시기에도 그런 욕망이 자본주의 사회에서처럼 멋대로 날뛴 적은 없었다. 이윤을 향한 갈망이 평범한 사람을 압도할 정도는 아니라 해도, 경제적 능력이 평균 이상인 사람에게는 강하게 나타난다. 그리고 나라의 절반을 차지하는 이 사람들이 오래지 않아 경제와 법의 틀을 결정할 것이다. 그러니 공산주의가 이 본능에 점점 양보할 수밖에 없었던 이유를 이해할 수 있다. 강렬함이라는 측면에서 여기에 조금 못 미치는 충동으로는 성적인 충동과 놀이 충동이 있을 뿐이다. 이러한 본능은 확실히 공산 국가보다 미국과 서유럽에서 더 많은 자유를 누리고 있다. 공산 국가들은 농경 사회이던 과거의 청교도적인 규율을 보존하려고 애쓰고 있다. 본능 중에 세 번째로 강렬한 것은 싸움과 경쟁의 충동이다. 이것 역시 자본주의 체제에서 신나게 자유를 즐기고 있다. 이 본능이 산업 생산의 발전에 한몫을 했음은 의문의 여지가 없다. 지속적인 경쟁 관계가 없다면 포드와 제너럴 모터스의 자동차들이 어떤 모습이겠는가? 비밀스럽고 불법적인 합의에도 불구하고, 미국에서 생산되는 모든 제품은 제조법, 품질, 가격 면에서 이처럼 자극제 역할을 하는 경쟁 관계에 좌우되고 있다. 국가가 생산을 통제하는 공산주의 체제에서 소비자들이 자본주의 사회와 비슷한 혜택을 누릴 수 있을 만큼 개인과 집단 간의 경쟁이 충분히 발생할 수 있을지 의심스럽다. 1960년 이전 소련의 급속한 발전에 외국 발명품과 공정(이 자체는 자유로운 창업과 경쟁의 결과물이다.)의 모방, 외국 기계와 기술자의 수입이 얼마나 영향을 미쳤을까?

　집단 본능은 공산주의 체제와 잘 맞는다. 대부분의 사람들은 지도자의 뒤를 따르거나 군중의 일부가 되는 것으로 만족한다. 이런 것을 기뻐하는 사람도 많다. 미국에도 군중이 있지만, 그들은 집단 행동, 자부심, 이상을 위해 움직이며 협조하는 집단이 아니라 외로운 사람들에게 숨을 곳을 제공하는 역할을 한다. 서유럽과 미국에서는 집단 본능의 반대, 즉 사생활을 지키려는 욕망, 자유로이 돌아다니고 싶다는 욕망, 정해진 규범에서 벗어나고 싶다는 욕망이 더 널리 인정받는 반면, 소련에서는 모든 사람이 공공 감시, 획일화, 통제라는 갑갑한 거미줄 안에서 살아가고 있는 것 같았다. 전체적으로 봤을 때, 공산 국가의 국민보다는 평균적인 미국인이 (비록 미국에서도 소외된 소수 집단과 공직을 잃은 정치가들이 자연스레 반발하는 일이 벌어지지만) 더 행복하고, 더 많이 웃고, 더 즐겁게 대담한 모험을 하고, 더 자유로이 죄를 짓는다.

19

예술에 대하여

처음 이 책을 시작하면서 우리 시대의 모든 주요 이슈에 대한 내 생각을 밝히겠다고 약속한 것이 이제 후회스럽다. 나는 무덤에서 안식을 찾기 전에 내 목소리를 내고 인정받고 싶었다. 하지만 여러 기본적인 주제에서 내가 무지와 편견이라는 밑 빠진 우물에 빠져 있음을 미리 고려했어야 한다.

무엇보다도 나는 예술에 문외한이다. 나는 예술 작품을 직접 만들어 본 적이 한 번도 없다. 유치원 시절 이후로는 그림도 그린 적이 없고, 퍼티와 왁스로도 조각상을 만들어 본 적이 없으며, 하다못해 옥외 변소 하나 지어 본 적도 없다. 그러니 내가 살아 있는 동안(1885년 이후) 만들어진 예술 작품의 기교나 기술적인 품질에 대해 이해한다는 말을 전혀 할 수 없다. 지난 50년 동안 나는 과거의 것들을 연구하는 데 푹 빠져 있었다. 또한 의식적이든 아니든, 그런 과거의 것들을 이상화하는 경향이 있어서 그것들을 무시하거나 그들이 보여 주는 본을 거부하는 예술가들을 의심의 눈으로 바라보곤 한다. 어쩌면 나는 예술 자체에 대해 살짝 편견을 품고 있는 것 같다. 우리의 '문화적 폭발', 즉 지루한 불협화음이 울려 퍼지는 콘서트장이나 말도 안 되는 그림과 버려진 기계를 작품으로 전시한 미술관에서 남의 눈에 띄고야 말겠다는 사람들의 결의가 피상적이고 비현실적으로 느껴지기 때문이다. 피카소의 이름을 들어 보지 못한 사람은 미개한 하층민이라는, 화려한 심미안이 있는 척하는 사람들의 말에도 동의할 수 없다. 그래도 이야기를 계속해 보겠다.

사람이 몇 년 동안의 준비 기간과 몇 달 동안의 노고를 거쳐 예술 작품을 만들어 내는 것은 과연 어떤 욕구와 충동 때문인가? 아마도 자신의 생각과 기분, 자기 자신을 표현하고 싶기 때문일 것이다. 남다른 점을 내보이고 보상을 받고 싶기 때문일 것이다. 아름다움에 대해 대부분의 사람들보다 예리한 감각을 갖고 있기 때문일 것이다. 현실 속의 덧없는 것들이 지닌 부분적인 아름다움과 베일에 덮인 의미를 하나로 모아 더 선명한 의미 또는 더 영속적인 아름다움을 만들어 내고 싶다는 포부가 있기 때문일 것이다.

대개 예술가는 평범한 사람보다 더 많은 것을 더 강렬하게, 또는 더 상세하게 본다. 그리고 그중 일부를 없애 본질적이고 중요한 것만 남겨서 평범한 사람들의 눈과 영혼에도 감동을 주고 싶어 한다. 이를 위해 예술가는 일부러 아름다움을 희생시킬 수 있다. 그래서 엘 그레코나 모딜리아니처럼 벽과 캔버스에 일그러진 형상들을 잔뜩 채워 넣기도 하고, 브뤼헐 일가처럼 뚱뚱한 농민들을 그리기도 하고, 히에로니무스 보스처럼 혼란스럽고 끔찍한 광경을 그리기도 한다.

철학자들은 하느님을 묘사할 때보다 아름다움을 정의할 때 더 머뭇거린다. 아리스토텔레스는 아름다움의 기본 요소로 좌우 대칭, 비율, 각 부분들의 유기적인 질서를 꼽았다. 이 개념은 연극의 '아리스토텔레스의 통일성'처럼 문학과 미술의 고전적인 이상이다. 하지만 낭만적인 사람들은 코웃음을 치며 반기를 든다. 그들은 과잉 표현이 성공의 열쇠라고 생각하며, 이성이 아닌 감정이 예술의 원천이자 메시지라고 본다. 많은 일본 예술가들은 좌우 대칭, 비율, 질서에 지친 나머지, 정해진 형태에서 놀라울 정도로 일탈하는 데에서 아름다움과 만족감을 찾았다.

아름다움에 대한 감각은 사람마다 다양하기 때문에 객관적인 정의가 불가능하다. 아주 포괄적인 생물학적 차원의 정의만 가능할 뿐이다. 남아프리카의 호텐토트족은 엉덩이가 큰 여성을 매력적으로 생각하겠지만, 굶주린 투르크인은 그저 식욕을 느낄 것이다.(포위된 상황에서 둔부에 축적된 지방이 식량으로서 갖는 이점에 대해서는 볼테르의『캉디드』참조) 하지만 사실상 보편적인 요소가 하나 있다. 대부분의 고등 동물들과 모든 인류가 이성에게서 아름다움을 발견한다는 점. 미적인 감각은 십중팔구 성욕, 성적인 과시, 성 선택의 파생물일 것이다. 따라서 욕망과 성적인 능력이 시들해지면 미적인 감각도 예리함을 잃는 경향이 있다. 평범한 남자가 기본적으로 생각하는 아름다움이란 여성의 몸매와 용모에 있다. 동그란 것이 각진 것보다 아름답게 보이는 것은 여성의 외양이 곡선으로 이루어져 있기 때문이다.(따라서 큐비즘은 질병이다.) 건강한 남성에게 '부드러운 목소리'만큼 마음에 드는 음악은 없다. 셰익스피어는 이런 목소리가 "여성의 한 가지 훌륭한 점"이라고 말했다. 그 어떤 오케스트라도 전성기 프리마 돈나의 상대가 될 수 없다.

아름다움에 대한 감각은 이런 생물학적인 요인에서 시작되어 부차적인 사물들에까지 적용된다. 매끈한 표면, 우아한 비율, 밝은 색깔, 기분 좋은 향기, 아름다운 음악 같은 소리를 통해서 의식적으로든 무의식적으로든 여성을 연상시키는 의류, 장식, 조각상, 그림, 음악 등이 그것이다. 마지막으로 미적인 감각은, 특히 구애를 하거나 짝짓기를 할 때, 평화로운 풍경이나 둥근 언덕이나 재잘거리는 시냇물처럼 자연 속의 부드러운 것들에까지 흘러넘친다. 이와 대조적으로 남성의 힘과 안정감에 감탄하는 여성들의 성향은 육중한 건물, 높이 솟은 산, 장엄하거나 공격적으로 몰아치는 바다가 불러일으키는 숭고한 감각과 이어질 수 있다.

고전적인 사람이 되려 안간힘을 쓰는, 나같이 낭만적인 인물(감정에 동요하지만 자제력을 기리고 형식을 숭배하는 사람)에게 현대 예술에서 가장 괴로운 부분은 바로 아름다움에 대한 반란이다. 현대 예술은 보기에 기쁘거나 벅찬 감정을 불러일으키는 작품의 창조가 아니라, 어떤 감정이나 태도를 표현하는 데 목표를 둔다. '현대적인' 여성 또는 '앞선' 여성이 옷에서 아름다운 요소들을 모두 없애 버리려고 작정한 듯이 보이는 것처럼, 세잔 이후 대다수의 저명한 미술가들은 아름다움을 경멸하듯 턱을 높이 쳐들고, 드뷔시 이후 대다수의 작곡가들은 화음이나 선율을 신중하게 만들어 내다가 들키느니 차라리 유곽을 드나들다 들키는 편이 낫다고 생각한다.

산업 혁명 덕분에 우리가 각진 것들과 직선, 육중한 기계들과 어렴풋한 불빛들이 있는 황량한 풍경에 익숙해졌는지도 모른다. 민주주의 덕분에 서구인들의 미적인 감각이 힘을 부러워하고 매력적인 것에는 둔한 수준으로 평준화되었는지도 모른다. 루소의 추종자들과 개인주의자들은 문명에 반기를 들면서 이성과 절제를 거부하더니, 야만적인 것들에 대한 변덕스러운 숭배에 빠져들었다. 새로운 것을 우상처럼 숭배하던 태도는 기괴한 것에 대한 숭배로 변했다. 이반 카라마조프*는 "만약 하느님이 없다면, 모든 것이 허용된다."라고 주장했다. 부초처럼 떠도는 예술가는 만약 규칙, 기준, 모델이 없다면 아무리 볼품없는 것이라도 무엇이든 예술이라고 내세울 수 있다고 말한다. 엉성하게 그려 넣은 색깔들만으로도 평범한 사람들을 감탄시키고 백만장자들을 등칠 수 있으니 굳이 그림을 공부할 필요도 없다고 말한다. 도덕과 마찬가지로 예술에서도 볼셰비키들이 승리를 거두었다.

이 혁명에 대해 몇 가지 인정할 점이 있기는 하다. 변화와 실험이 발전에 필수적이라는 점은 나도 인정한다. 새로운 예술을 지향하는 사람들이 풍경, 예쁜 얼굴, 부유한 사람들만 계속 그리는 일에 반감을 드러내는 것에도 공감한다. 젊은 예술가들이 미켈란젤로, 라파엘로, 티치아노, 페이디아스, 프락시텔레스, 도나텔로에 대한 이야기라면 진저리를 치는 것도 이해할 수 있다. 신, 교황, 성자, 장군, 정치가를 묘사하는 데에는 이제 질렸을 것이다. 심지어 그네에서 페티코트를 나부

---

* 도스토옙스키의 소설 『카라마조프의 형제』의 등장인물.

끼는 아름다운 숙녀들의 그림도 마찬가지다.

하지만 이 반란 세력은 전통과 모방에 대한 반란을 혁신 그 자체를 위한 폭동으로 몰아간다. 많은 여행객들처럼 그들도 신선함을 아름다움으로 착각한다. 그래서 모든 형태를 정육면체로 표현하고, 모든 그림을 점의 집합으로 만들어 버리고, 모든 현실을 '초현실적인' 꿈으로 만들고, 살풍경한 기계의 콜라주나 꼴사나운 금속 덩어리나 돌덩어리를 조각이라고 주장한다. 가장 유명한 화가들은 논리도 테마도 없고, 의미를 전달하지도 않고, 유럽과 아시아의 모든 훌륭한 예술에서 질서와 의미를 찾았던 영혼을 당혹시키고, 모든 형식을 피하는 추상에 색깔을 소비한다.

추상화가 형식을 따르고 목표를 구현한다면 고상해질 수 있다. 예술은 단순히 표현을 위해서만 존재하는 것이 아니다. 감정, 포부, 생각을 전달하는 것도 예술의 역할이다. 그렇지 않다면 신문 제목을 외쳐 대는 신문팔이 소년도 중요한 예술가라고 할 수 있을 것이다. 이슬람의 융단이나 미흐라브*의 추상 예술에는 아름다움이 있을 수 있다. 어떤 테마나 이야기의 흐름을 따라갈 수 있기 때문에 마음이 즐겁고, 색채와 형태는 눈을 즐겁게 해 준다. 이런 예술 작품에는 또한 대개

* 이슬람 사원에서 예배 방향을 알려 주는 작은 벽감.

목적이 있다. 설사 그 목적이 예배를 드릴 방향을 지정해 주
거나, 무릎 아래 쿠션 역할을 해 주는 정도에 불과하다 해도
말이다. 중국의 추상 예술에서도 아름다움을 풍부하게 찾을
수 있다. 하지만 이런 작품에는 정해진 구조와 장식적인 가치
가 있다. 전체를 지배하는 형태가 없는 예술은 다듬어지지
않은 정신이 공허한 허영으로 만들어 낸 것에 불과하다.

　나는 작곡가가 음을 정렬시키듯이 추상 화가는 색을 조작
할 수 있을 것이라는 칸딘스키의 주장에 한동안 마음이 끌
렸다. 그의 희망적인 주장이 실현된 것처럼 보이는 사례도 몇
번 있었다. 하지만 일반적으로 그리스도교 국가에서 추상화
에는 유럽 거장 작곡가들의 순수 음악이나 추상 음악에서 느
껴지는 질서가 없었다. 바흐의 푸가, 헨델의 합주 협주곡, 모
차르트의 소나타처럼 많은 클래식 음악에는 의미가 없다. 뭔
가 줄거리도 없고, 어떤 생각을 전달하지도 않는다. 하지만
감정을 전달한다. 설사 그것이 기쁨이나 슬픔, 명상이나 경건
함, 갈등이나 평화에 불과하더라도 그렇다. 의미가 없는 푸가
도 형식은 있다. 논리적인 기반, 구조, 전개 과정이 있는 것이
다. 미사일이 처음 만들어진 뒤 발사대에서 조립되어 곧 공중
을 날아가는 것과 같다. 아름다움과 마찬가지로 예술의 본질
은 그 내용이나 구성 요소가 아니라 구조와 형식에 있다.

　나는 많은 '현대' 예술 작품에 '생동감을 더 불어넣으라'고

응수하고 싶다. 여기서 현대 예술이란 로댕과 세잔 이후의 예술을 말한다. 로댕이 조각가 중 마지막 거장은 아니다. 이반 메슈트로비치의 조각에서 나는 웅장함을 느낀다. 제이콥 엡스타인의 거대 조각상에서는 힘을 느낀다. 하지만 일그러진 헨리 무어의 작품 앞에서는 몸이 떨린다. 세잔이 그림에서 현실을 왜곡한 것에는 실험적인 가치가 있음을 알고 있다. 그가 선을 안개처럼 몽롱하게 표현한 것도 마찬가지다. 내가 조금 애를 쓰면 그의 사선과 나선, 원통형, 원뿔, 정육면체에 적응할 수 있다. 피카소가 수집가들에게 사기를 치려고 마음먹지 않았을 때는, 다양한 예술 분야에서 자유자재로 뛰어난 솜씨를 발휘했다는 사실도 알고 있다. 나는 우리 시대의 화가들 중 멕시코의 벽화가인 디에고 리베라, 호세 오로스코, 다비드 시케이로스를 최고로 친다. 그들은 강렬한 색채와 형태로 자신의 이념을 선언했다. 하지만 가엾은 모딜리아니의 섬뜩한 그림에서는 부패의 냄새가 난다. 난 병든 예술을 좋아할 만큼 병들지 않았다.

나는 우리 시대의 건축을 좋아한다. 조악하고 천박하거나 위태롭게 자리 잡은 주택, 기괴한 모양으로 숭배의 감정보다 놀라움을 더 자극하는 교회는 예외다.(그들의 단조로움과 진부함은 하늘에서 하느님을 찾는 것이 가망 없는 일임을 보여 주는 것인지도 모른다.) 나는 우리 시대의 고층 건물들에 감탄한다.

내 눈에 그들은 단순히 배금주의의 기념비가 아니라 예술의 경지로 접어든 과학으로 보인다. 용기 있게 계산할 줄 아는 사람들이 중력, 불안정, 해체가 지닌 모든 힘을 향해 세워 올린 활기찬 도전으로 보인다. 내가 엠파이어 스테이트 빌딩을 샤르트르 대성당과 동격으로 놓으면 나의 교양 있는 친구들은 재미있어 한다. 하지만 엠파이어 스테이트 빌딩은 건축물 중 내 최고의 사랑인 파리 노트르담 대성당에는 한참 미치지 못한다.

"형태는 반드시 기능을 따라야 한다."라는 루이스 설리번의 주장은 르네상스 이후 건축계에서 처음으로 일어난 창조적 혁명에 불을 붙였다. 하지만 이 대담하고 새로운 양식은 기능주의를 지나치게 끌고 가는 바람에 스스로 유행에 뒤처질 가능성이 있다. 모든 것을 직선과 사각형으로 정리해 버리고, 신전조차 임대가 가능한 정적인 정육면체 공간 속에 사람을 가두는 강철과 돌과 유리 상자로 바꾸어 버리는 것이 문제다. 곧 반동이 일어나 약간의 곡선과 적당한 장식이 되살아나서 아름다움이라는 여성적 원칙과 힘이라는 남성적 원칙이 결합될 것이라고 믿어도 될 것 같다.

한편 새로운 예술들이 계속 태어나고 있다. 멋진 자동차가 우리 시대의 대다수 조각 작품보다 우리의 미적 감각을 더 만족시킨다는 사실을 왜 인정하지 않는가? 나는 백화점에 진열되어 있는 아름다운 섬유, 금속, 유리, 나무 제품들을 보면서 놀라움과 즐거움을 느낀다. 유용성과 아름다움이 이처럼 즐겁게 섞여 있는 광경을 부끄럽게 여겨야 하는가? 일상생활에서 우리에게 유용한 거의 모든 물건들을 아름답게 만들어 주는 산업 디자인을 예술의 반열에 포함시키자. 낡아서 병든 기술들이 새 것으로 대체된다. 현대 예술의 질병은 그저 낡은 형식이 쓸모가 다해서 시대에 뒤떨어진 탓인지도 모른다. Panta rhei, 즉 모든 것은 흘러간다. 어쩌면 우리가 만든 범주, 편견, 취향은 예외인지도 모르지만.

과학이 없는 예술은 빈곤하고, 예술이 없는 과학은 미개하다. 모든 과학이 아름다움이나 지혜 속에서 자신의 능력을 충분히 발휘하려고 애쓰게 하고, 과학이 예술이 되는 순간을 기뻐하자.

20

과학에 대하여

과학의 발전은 이미 오래전에 내가 이해할 수 있는 수준을 넘어섰으므로, 나는 어려서 신부님들과 수녀님들의 말씀을 들을 때와 똑같이 겸손하게 과학자들의 발표를 받아들이는 수밖에 없다. 분자를 원자로 쪼개고, 원자를 전자로 쪼개고, 그것들을 천사만큼 신비로운 힘들로 쪼개는 일은 우리 손자들에게 맡기려고 한다.

실로 새로운 성직자 계급이 우리 머리 위에 생겨나고 있다. 그들은 신자들의 이해 범위를 초월하는 언어를 사용하며, 향기로운 찬사로 서로를 검열하고, 직업적인 시기심으로도 서로를 검열한다. 그리고 쪼개진 원자를 신성한 성체처럼 들고 다닌다. 우리가 그들을 신뢰하는 것은 그들만이 하느님 — 즉 질량 곱하기 빛의 속도의 제곱*에게 직접 가닿을 수 있기 때문이다. 그들은 입문자들에게 이단을 허용한다는 점에서 사제들과 다르지만, 만약 그들이 무오류의 지도자를 찾아낸다면 그들 역시 종교가 될 것이다. 이미 그들은 왕들을 에워싸고 왕위를 인정해 주고 이용했던 사제들과 주교들처럼 정치가들에게 유용하고 필요한 존재다.

나는 그들을 존경한다. 그들이 오로지 직접 거듭해서 확인한 것들만 사실이라고 주장하기 때문이다. 나는 그들에게 경례를 보낸다. 그들이 한때 신앙을 지탱했던 기적들보다 더욱 놀라운 기적을 일구어 냈기 때문이다. '언어의 재능'을 지녔던 사도들은 오늘날 유엔 대표단이 100명의 사람들을 상대로 연설한 직후 그 말이 약 50개 국어로 들린다는 사실을 알면 깜짝 놀랄 것이다. 워싱턴에서 말하는 사람의 목소리를 지구 반대편에서 곧바로 들을 수 있다는 사실 앞에서는 머리를 조아릴 것이다. 인간이 만든 기계가 달 표면에서 찍은 사진을 우리에게 보내 왔다는 사실은 믿지 않으려 할 것이다. 켄터키에서 벌어지는 경마 경기를 캘리포니아와 메인에서도 현장에서 보는 것처럼 금방 총천연색으로 선명하게 볼 수 있다는 사

---

* 아인슈타인의 유명한 공식 $E=mc^2$을 뜻한다.

실도 믿지 않으려 할 것이다. 참으로 우리는 또 다른 기적의 시대를 살고 있으며, 놀라울 정도로 새로워진 인간들과 대면하고 있다.

하지만 내 신앙에 상처를 입힌 회의주의가 여기에도 조금 흘러들어 과학에 대한 소심한 의심이 되었다. 나는 항성들의 거리를 계산하는 천문학자, 지구의 나이나 지층에 대해 이야기하는 지리학자를 믿지 않는다. 물리학자들이 원자의 내부라며 제시하는 그림이 자꾸 바뀌는 것도 조금 수상쩍다. 나는 파스칼처럼 도무지 손에 잡히지 않는 극미세 세계와 상상도 할 수 없는 무한한 세계 사이에서 압박을 받고 있다. 나는 찰스 다윈을 현대 유럽 역사에서 가장 위대하고 가장 점잖은 혁명가로 기리지만, 작디작은 씨앗 속에 어떻게 나무가 들어 있는지와 줄기에 달린 모든 가지와 가지에 달린 모든 이파리와 이파리 위의 모든 잎맥이 어떻게 미리 정해져 있는지를 생물학자들이 아직 설명하지 못한다는 사실도 알고 있다. 생물학은 기계라는 개념을 너무 널리 적용하고, 살아 있는 것들의 내재적인 의지를 선뜻 인정하지 못하는 바람에 길을 잘못 든 것 같다.

수많은 과학 천재들이 학살 기술의 개발에 헌신하는 모습을 보면 개탄스럽다. 평화를 조직하는 일에 헌신하는 천재는 너무나 적다. 그래도 나는 과학자들이 세상을 다스리기 위해 태어난 존재가 아님을 알고 있다. 그들의 재능은 인간이 아니라 아이디어와 사실을 다루기 위한 것이다. 하지만 또 한편에서는 내가 호흡하는 공기, 마시는 물, 먹는 음식이 과학의 산물로 인해 오염되어 있다. 공장과 차에서 연료를 태우는 것, 강과 바다에 버린 산업 쓰레기, 먹을 것을 기르고 가공하는 일이나 썩은 부분을 가리는 데 사용한 위험한 화학 물질이 오염의 원인들이다. 점점 굉음을 내는 비행기는 내 귀를 멀게 하고, 언제 내 머리 위로 떨어질지 몰라 두렵다. 때로 나는 (1세기 전 칼라일처럼) 우리가 중세의 농장에서 태곳적의 가난에 익숙해진 채 마을 너머의 일에는 전혀 신경 쓰지 않고, 하느님의 지혜와 정의를 믿으며 살아가는 편이 더 행복하지 않을까 생각한다.

나는 이런 문제점들을 해결해 줄 묘책을 짜내느라 내 머리를 괴롭힌다. 오래전 나는 전기 자동차를 옹호하며, 주유소 대신 신속 충전 설비가 갖춰진 시설을 설치하자고 주장했다. 화학자들은 온갖 기적을 일구어 냈으면서도, 지난 30년 동안 전기 자동차에 쓰일 배터리의 성능을 크게 향상시키는 데 실패했다. 그래서 이제 나는 모든 주요 도로와 고속도로 아래, 지하 15센티미터 깊이에 안전하게 전선을 매설하는 방안을 꿈꾼다. 그러면 모든 자동차가 차선이나 방향을 바꿀 때 접었다 폈다 할 수 있는 트롤리*를 통해 전기를 끌어다 쓸 수 있을 것이다. 차선이나 방향을 바꾸지 않을 때에는 자체 배터리의 전기를 쓰면 된다. 나는 또한 원자력 발전소에서 생산하는 전기 덕분에 깨끗해진 도시를 꿈꾼다.

나의 유토피아에서는 철학자를 비롯한 모든 사람들이 집 주위 밭에서 기본적인 채소를 기르는 데 노동 시간의 절반을 쓸 것이다. 하지만 인간의 획득 본능과 국가들 사이의 경쟁심 때문에 이런 유토피아가 실현될 것 같지 않다. 그래서 식이 요법, 우리 몸에 대한 지식, 건강 관리법을 우리와 우리 자손들에게 많이 가르쳐 달라고 교육자들에게 간청하고 싶다. 의사들에게는 예방에도 치료 못지않게 시간을 쏟아 줄 것과 약보다는 식이 요법과 물리 치료를 통한 자연 치유에 더 중점을 둘 것을 요청하고 싶다. 영국에서처럼 연령을 막론하고 모든 사람들이 적절한 비용으로 건강 보험을 누릴 수 있게 되면 좋겠다. 하지만 정부의 공무원이 되기를 꺼리는 의사들의 심정에도 공감이 간다.

1921년 이후 나는 정신분석학의 어리석음을 호되게 비판했다. 프로이트의 꿈 이론은 책에서 읽자마자 웃음이 나왔다. 나도 성적인 꿈을 꾼 적이 있지만 성적인 내용이 꿈속에서 다른 형태로 위장되지는 않았다. 프로이트가 꿈을 해석

---

* 전차 지붕에서 전선과 접촉하는 작은 쇠바퀴 모양의 장치.

할 때 상징에 의존한 것이 내 눈에는 병든 상상력이 낳은 기괴하고 설득력 없는 결과로 보일 뿐이다. 내 생각에는 그가 신경증의 원인으로 성(性)의 의미를 지나치게 과장하고 경제적인 문제의 비중을 과소평가한 것 같았다. '자유 연상'을 진단 도구로 삼는 것도 의심스러웠다. 나는 아버지를 미워하거나 어머니에게 성적인 욕망을 품은 기억이 없다. 주위 사람들의 얘기로도 그런 감정을 드러낸 적이 없다고 한다. 병의 근원을 더듬어 가다 보면 오이디푸스 콤플렉스에 닿는 환자가 100명 중 한 명 이상이라는 말도 믿을 수 없다. 심리 치료가 많은 사람을 도운 것은 사실이지만, 프로이트의 정신분석학은 그 기반이 거의 되지 못했다. 프로이트 이론과 절차를 프로이트 본인이 치료에서 거둔 성과와 본인이 원하는 수준 이상으로 떠받들고 과장하는 것은 미국에서 일어난 성 혁명의 일부였다.

모든 해법은 새로운 문제를 노출시킨다. 과학의 발전도 새로운 혜택과 더불어 새로운 문제들을 야기했으며, 최근에는 연약한 정신을 지닌 사람들에게 서구 문명을 파괴할 수 있는 힘을 쥐어 주었다. 우리는 주기적으로 총력전의 문턱에 다가선다. 만약 그런 재앙이 일어난다면, 과학도 끝장날지 모른다. 생존자들이 먹을 것을 찾거나 재배하기 위해 파괴되고 오염된 도시에서 시골로 도망칠 터이니, 과거 야만인들이 쇠퇴기에 접어든 로마에 승리를 거둔 뒤에 그랬던 것처럼 대도시들의 시대가 끝나고 농촌 암흑 시대가 시작될 것이다. 종교는 절망에 빠진 영혼에 위안이 되는 존재로 부활하고, 인간들은 자신의 머리로 감당할 수 없는 힘을 주었던 과학을 저주할 것이다.

우리에게는 더 많은 지식이 필요하다. 교육계와 정부가 과학을 크게 강조하는 것도 받아들여야 한다. 모든 기술 발전에 반드시 보조를 맞추도록 우리를 몰아붙이는 국제적인 도전이 우리를 좌우하고 있기 때문이다. 하지만 우리에게 필요한 것은 지식만이 아니다. 선견지명과 신중함, 단호함과 절제를 지니고 지식을 이용할 수 있는 지혜와 품성도 필요하다. 품성이란 무엇인가? 자신이 지닌 능력에 맞추어 욕망을 조절하고 합리적인 조화를 이루는 것이다. 지혜란 무엇인가? 과거의 경험을 현재의 문제에 적용하는 것이며, 부분을 전체에 비추어 보고, 순간을 과거와 현재의 몇 년 세월에 비추어 보는 시각이다.

나는 절망하지 않는다. 지금 생각해 보면 인류는 그동안 수많은 명백한 실수를 저질렀지만, 위대하고 고상한 일도 했다. 그리스도의 말씀과 스피노자의『윤리학』, 파르테논과 파리 노트르담 대성당이 그 결실이다. 시스티나 성당의 장식,『일리아드』,『트로이의 여인들』,『신곡』,『햄릿』,『페드르』등과 같은 문학 작품들, 「메시아」와 「오르페우스와 에우리디케」 같은 음악도 있다. 아소카왕과 아우구스투스처럼 감히 용기를 내어 전쟁을 물린 사람도 있다.

이제 누가 나서서 지식과 지혜, 과학과 양심, 힘과 인간적인 목적을 하나로 묶고, 시기심 많은 국가들을 평화로운 연방으로 묶어 줄까? 누가 증오의 종식을 외치고, 산산이 갈라져 살인과 자살을 향해 치닫는 이 세상을 위해 평화로운 그리스도교 세상을 만들어 줄까?

21

교육에 대하여

허버트 스펜서는 교육을 신랄하게 다룬 소책자에서 다음과 같은 질문으로 교육계에 도전장을 던진 적이 있다. "가장 가치 있는 교육은 무엇인가?" 그는 죽은 언어, 고대 문화, 18세기 영국의 피곤한 뮤즈들을 공부하는 데 젊은 날의 많은 세월을 바쳐야 하는 것에 분개했다. 그런 교육을 받아 봤자 고전의 구절들이나 주섬주섬 인용해 대며 게으른 생활을 하는 귀족이 아니라면 아무 소용이 없다는 것이 그의 주장이었다. 기술자 교육을 받고 산업 혁명의 전성기를 살면서 기계를 돌릴 유능한 사람이 필요해지는 현실을 보고, 중산층이 경제적으로 주도적인 위치에 올라 정치적으로도 영향력을 발휘하는 것을 목격하며 흐뭇해했던 스펜서는 현대적인 삶에 걸맞은 교육, 기술과 무역의 문제들에 현실적으로 대처할 수 있게 해 주는 교육을 요구했다.

그의 글이 워낙 힘차고 분명하며 당시의 시대정신도 그의 생각과 상당히 일치했으므로, 그는 죽기 전에 자신의 주장이 승리를 거두는 것을 볼 수 있었다. 앞길을 막는 강력한 전통이 없는 미국은 그의 주장에 기꺼이 귀를 기울였고, 프랑스의 배상금으로 한 세대 만에 산업화를 이룩한 독일은 이 새로운 교육 이론을 독일다운 철저함으로 실현했다. 고립된 곳에서 농경 생활을 하며 만족하고 있던 일본은 외부의 강요로 상업과 산업에 발을 들여놓은 뒤, 마음 급한 개종자답게 엄청난 열정으로 기술 교육을 받아들였다. 러시아는 우리의 눈밑에서 열기에 들뜬 산업화의 쌍곡선을 그려 내며 정책을 실현하고 청소년들을 교육했다. 지식은 힘이다.

한때 미국의 학교에서 과학과 기술을 강조하며 용감하게 앞장섰던 교육가들은 오늘날 오히려 완벽한 성공에 방해를 받으며, 실현된 꿈 앞에서 슬픔에 잠겨 있다. 과거에 기울인 노력을 후회하거나 자신의 목표에서 물러나려는 것은 아니다. 현대 국가가 산업화 세계의 경쟁에 맞서려면 산업 사회와 봉건 사회 중 하나를 선택하는 수밖에 없다는 것을 알기 때문이다. 국가는 자유 또는 평화의 진공 속에 살고 있는 것이 아니므로, 사실 이것은 선택의 문제가 아니다. 하지만 의식 있는 교육가들은 수 세대 동안 교육적인 노력을 기울였는데도 교육받은 사람도 신사도 길러 내지 못했음을 인식하고 있다. 풍부한 장비를 갖춘 학교도 정치적 부패, 성적인 일탈, 폭력적인 범죄를 줄이는 데 별로 소용이 없었다는 것, 절제하는 사람들에게는 뚜렷이 나타났던 일부 미덕들이 부도덕한 잔꾀라는 측면에서 그 어느 때보다 뛰어난 세대에게는 무시당하고 있다는 것, 그리고 과학의 중시가 영혼에 평화를 가져다주지 못했다는 것 또한 알고 있다. 상황이 이렇게 된 것은 교육가들의 부주의보다는 경제적 변화의 탓이다. 하지만 교육가들은 학교가 지능의 매혹에 너무 완벽하게 굴복하고, 무질서와 쇠퇴에 너무 유순한 저항만 한 것이 아닌가 하는 생각을 슬슬 하고 있다. 가장 가치 있는 교육이 무엇이냐는 스펜서의 질문에는 그가 남몰래 품고 있던 생각, 즉 교육은 곧 '지식'의 전달이라는 생각이 드러나 있다. 정말로 그러한가? 가장 가치 있는 교육은 무엇인가?

마음과 몸을 향해, 시민과 국가를 향해, 조화로운 삶의 가능성을 온전히 열어 주는 교육이 가장 가치 있다. 교육의 내용과 목적은 세 가지 기본 요소들에 의해 결정되어야 한다. 첫째, 건강, 품성, 지성, 기술로 삶을 통제하기. 둘째, 우정, 자연, 문학, 예술로 삶을 즐기기. 셋째, 역사, 과학, 종교, 철학으로 삶을 이해하기. 교육은 두 가지 과정으로 이루어진다. 첫째, 자라나는 세대에게 종족이 지금까지 쌓아 온 지식, 기술, 도덕, 예술 등 풍부한 유산을 전해 주는 것. 둘째, 개인이 이 유산을 이용해 자신의 능력을 발전시키고 삶을 풍부하게 하는 것. 이 유산을 많이 흡수할수록 사람은 짐승에서 사람으로, 야만인에서 시민으로 변해 간다. 만약 소화 능력이 좋다면 바보가 현자로 변할지도 모른다. 교육은 삶을 완벽하게 해준다. 종족의 유산으로 개인을 풍요롭게 해 주는 것이다. 전달과 흡수라는 이 중요한 과정을 반세기 동안 방해한다면 문명은 끝나 버릴 것이며, 우리 손주들은 야만인보다 더 원시적인 상태가 될 것이다.

하지만 이것은 일반적인 상황을 대략적으로 묘사한 것으로, 교육자와 철학자에게는 금시초문이 아니다. 나는 우리 아이들이 어떤 교육을 받기를 바라는가? 무엇보다 먼저 상황이 허락하는 한도 내에서 아이들이 자신을 둘러싼 삶의 조건을 어느 정도 통제할 수 있게 되기를 바란다. 삶의 일차적인 조건이자 행복의 가장 튼튼한 뿌리가 바로 건강이므로, 아이들이 자신의 몸에 대해서, 그리고 그 몸을 돌보는 방법에 대해서 많은 것을 배울 수 있으면 좋겠다. 몸은 영혼이 눈에 보이는 형태로 드러난 것이다. 놀라운 라마르크 이론을 적용한다면, 영혼이 억겁의 세월 동안 원하며 노력을 기울인 끝에 몸을 창조해 냈다고 할 수 있을지도 모른다. 형태는 기능을 따르고, 기능은 욕망을 따르고, 욕망은 삶의 정수다. 따라서 건강하고 깨끗한 몸을 원하는 것은 결코 추한 쾌락주의가 아니다. 청결함은 신성함에 버금가는 것으로 평가되어 왔으며, 완벽한 건강을 자랑하는 사람이 사악해지기는 힘들다. 아무래도 유치원에서 박사 과정까지 한 해도 빼놓지 않고 건강에 관한 교육을 필수 코스로 지정하자고 주장해야 할 것 같다.

나는 우리 아이들이 몸의 구조와 기능, 관리와 치유에 대해 15년 동안 하루 한 시간씩 최대한 많이 배우게 되기를 바란다. 의사들이 교실로 찾아와 학생들을 진찰하고 조언하면서 예방 의학을 실천하는 방안도 있다. 그러면 병원에서 몸에 칼질을 하는 유행이 조금 잦아들지도 모른다. 치과 의사들이 아무것도 모르는 아이들의 썩은 이에서 황금을 캘 생각을 하기보다는 학교에서 꾸준한 교육과 관찰을 통해 아이들이 맛은 거칠지만 석회질이 풍부한 음식에 익숙해지게 했으면 좋겠다. 만약 영양학자들이 자신이 확실히 아는 것이 무엇인지에 대해 마침내 결론을 내리는 날이 온다면, 나는 그들에게 15년 동안 매주 한 시간씩 학교에 가서 식단의 원칙을 가르쳐 주라고 청하고 싶다. 그러면 밖에서 몸을 움직여 일하던 생활이 앉아서 머리를 굴리는 생활로 바뀌면서 필요해진 식단 변화를 제대로 이룩해 낼 수 있을지 모른다. 나라면 무엇보다 먼저 건강과 청결을 가르친 뒤, 다른 것들이 덧붙여지기를 기대할 것이다.

튼튼한 몸의 기초를 살펴보았으므로, 이제 품성을 돌볼 차례가 되었다. 교사들을 뽑는 중요한 기능을 수행하는 위원회들에 단순히 전공 과목에 대한 기술적인 지식만 보지 말고 교사 후보들의 성격, 도덕, 예의가 아이들에게 미칠 영향을 고려해서 교사를 뽑고 가능하면 훈련도 시켜 달라고 간청하고 싶다. 도덕과 예의는 쉽게 가르칠 수 없는 것이지만, 틀을 잡아 줄 수는 있다. 그리고 신사, 즉 항상 모두를 배려해 주는 사람의 존재는 자라나는 영혼에게 신비로운 자석처럼 작용한다. 한때는 약자였던 여성들에게 '신사'라는 단어에 함축된 남성들의 특징을 표현해 줄 수 있는 단어가 우리 언어에는 존재하지 않는다. '숙녀'라는 단어를 들으면 아이를 낳고 사랑하는 여성의 소박하고 이해심 깊은 상냥함보다는 보석을 걸친 오만한 공작부인이 생각난다.

만약 내가 시대에 역행하는 내 생각을 그대로 실현할 수 있는 입장이라면, 남녀 공학 학교에서도 남녀를 갈라놓을 것이다. 소년들은 학식 높은 신사가 가르치게 하고, 소녀들은 학식 높고 자녀가 있는 여성들이 가르치게 하는 것이다. 확신은 없지만, 현재 학식 높은 여성들의 출산율이 비교적 떨어지는 것이 경제적인 두려움과 어리석은 법률 때문에 출산을 피할 수밖에 없었던 여성들의 손에 교육받은 탓이 아닌가 하는 생각을 피할 수 없다.

도덕의 생물학적 뿌리가 가족에 닿아 있으므로, 가정의 중요성을 일부러 강조하는 것으로 도덕 교육의 바탕을 삼아야 할 것이다. 나는 그 옛날 독신 생활에 붙어 있던 낙인을 되살리고, 비록 미묘한 일이 될 수는 있겠지만 자연스러운 나이에 결혼하는 것이 도덕적으로 지혜로운 일임을 제안할 것이다. 자녀는 우리가 문명이라는 유산을 물려준 우리 일족에게 주는 선물이다. 나는 효도가 도덕의 초석임을 끊임없이 강조할 것이다. 훌륭한 아들은 훌륭한 형제, 훌륭한 아버지, 훌륭한 이웃, 훌륭한 시민이 된다. 가정의 원칙이 도시와 국가에까지 연장될 수 있다는 얘기다. 나는 사람들이 이웃을 어느 정도 형제처럼 대할 수 있게 될 만큼, 지역 사회를 어느 정도 가족으로 보게 될 만큼, 그리고 가정이라는 밭에서 사회 생활의 첫 번째 필요조건이자 사회 조직의 가장 고귀한 목표로 자라난 상호 부조의 원칙을 자신의 힘에 맞게 이웃과 지역 사회에도 적용하게 될 만큼 고집스러운 도덕 교육을 요구할 것이다.

나는 지역 사회들에 자신의 도덕적 이상을 간략하게 정리해서 학생들에게 매일 가르치라고 부탁할 것이다. 산업 사회의 도시 생활에 적합하게 개조되어 개인의 양심, 상업적인 명예, 시민의 자부심을 흉내 낼 수 있게 해 주는 행동 규범도 필요하다. 나는 각 주가 자라나는 청소년들에게 훈계만으로는 결코 주입할 수 없는 활기와 건전함을 심어 주는 보이 스카우트나 걸 스카우트 같은 조직을 만들고 장려해야 한다고 청할 것이다. 아리스토텔레스의 말처럼 도덕은 생각이 아니라 습관이다. 나는 또한 아이들의 마음속에 깊이 있고 관대한 애국심을 세우는 데에도 주저하지 않을 것이다. 비록 나는 인류의 유산을 풍부하게 해 준 모든 국가와 민족을 존중하지만, 국민들이 나라를 자신의 고향으로 특별하게 사랑하는 법을 터득하지 못한다면 국가가 외부의 공격에 맞서 어떻게 스스로를 지킬 수 있을지 모르겠다. 나는 매일 폭력에 대한 경멸과 법에 대한 존중을 아이들의 머릿속에 심어 주려고 애쓰겠지만, 개성의 정수인 자유 또한 옹호할 것이다. 그리고 저녁이면 지역 사회의 상당히 많은 사람들이 원하는 공적인 회합을 위해 학교를 개방할 것이다. 나는 정부의 형태와 이상뿐만 아니라 벌레 먹은 현실도 아이들에게 가르쳐, 아이들이 부패를 자연스럽고 보편적인 일로 보지 않고 공직자들이 최대한 깨끗하고 영예로워질 때까지 쉬지 않고 노력하게 할 것이다. 간단히 말해서 나는 학자를 만드는 것보다는 인간을 만드는 것을 교육의 목표로 생각한다.

교사가 학생에게 가르쳐야 하는 기본 항목은 절제할 수 있는 능력인지도 모른다. 이 폭풍 같은 시대에는 모든 사람이 장기적으로 둘 중 하나를 선택해야 한다. 효율적인 자율 또는 실질적인 복종. 어딘가에 반드시 의지라는 것이 있기는 할 것이다. 자기 절제라는 측면에서 지성은 품성과 융합되어 절제의 세 번째 요소가 된다. 그리고 절제는 교육의 첫 번째 목표다. 소크라테스는 진정한 미덕은 오로지 지성밖에 없다고 생각했다. 또한 지성과 지능을 확실히 구분한다면 많은 미덕과 지성을 찾을 수 있을 것이라고 보았다. '지능'은 아이디어들을 획득하고 축적하는 능력이며, '지성'은 자신의 경험은 물론 남의 경험까지도 이용해서 자신의 목표를 명확히 하고 실행하는 능력이다. 사람은 머릿속에 수만 가지 아이디어를 갖고 있어도 범죄자나 바보가 될 수 있다. 하지만 지성이 있는 사람은 둘 중 어느 쪽도 되기 힘들다.

어떻게 하면 지성을 갈고 닦을 수 있을까? 이것은 쉽지 않은 문제이며, 나는 이러쿵저러쿵 말할 능력이 없다. 그래서 오랜 경험과 끈질긴 실험을 배경으로 이 문제에 접근할 수 있는 사람들에게 맡겨 두고 싶다. 대부분의 학습이 시행착오를 통해 이루어진다는 것이 많은 연구의 결과이므로, 지성을 학교에서는 가르칠 수 없고 반드시 경험과 행동을 통해 얻을 수밖에 없다고 잠정적인 결론을 내려도 될 것이다. 글자와 글은 우리가 직접 얻을 수 있는 것보다 더 많은 경험을 접할 수 있게 해 준다는 점에서 가치가 있다. 예를 들어 우리는 투키디데스의 글을 읽으며 그리스인들이 경험한 일을 알 수 있다. 도스토옙스키의 글을 통해서는 차르 시절 러시아인들의 삶 속으로 어느 정도 들어갈 수 있고, 나폴레옹의 『탁상 담화』를 통해서는 역사 속 낭만적인 인물들 중 가장 현실적이었던 사람이 바라본 세상을 살짝 엿볼 수 있다. 하지만 이런 대리 경험은 언제나 모호하고 피상적이다. 첫째, 누구보다 위대한 저자들만이 삶의 의미와 정수를 포착해서 표현할 수 있기 때문이고, 둘째, 글이 행동과 품성에 영향을 미칠 만큼 기억 속으로 깊숙이 들어오는 경우가 드물기 때문이다. 진정한 과학은 지성을 갈고닦는 데 문학보다 더 훌륭한 역할을 한다. 과학은 증거를 꼼꼼히 기록하고 고르기, 소망과 사실을 엄격히 구분하기, 가설을 실험으로 시험하기로 이루어져 있으며, 궁극적으로 입증할 수 있는 경험을 공식화하는 것으로 끝을 맺는다. 수학, 물리학, 화학을 통해 우리는 증거를 기준으로 드러난 사실들을 믿는 법, 모든 증거를 의심의 눈으로 가늠해 보는 법을 배울 수 있다. 우리 모두 이런 습관을 들일 수 있다면, 읽고 듣는 능력은 더 이상 진실의 획득에 장애가 되지 않을 것이며 선전 선동으로 소란스러운 우리 시대 역시 종점에 이르게 될지 모른다.

학교에서 지성을 갈고닦는 데에는 아마도 집에서 손으로 하는 일을 가르치는 것이 최선의 방법일 것이다. 소년들은 모두 평범한 목공 도구와 파이프 수리 도구의 사용법, 집과 기계의 간단한 수리법을 배워야 한다. 소녀들은 요리의 비밀, 살림 방법, 자녀 돌보기를 배워야 한다. 손으로 하는 단순한 작업은 대단히 즐겁다. 심지어 학자들도 뭔가 재주를 확보하고 있으면 자신의 연구 성과를 돈에 팔지 않아도 된다는 사실을 알게 될 것이다.

소녀들의 경우 가정과 남편과 자녀를 돌볼 수 없다면 외국어, 고고학, 삼각법을 배워 봤자 아무 소용이 없을 것이다. 정절을 살찌우는 것은 음식이고, 맛있는 파이는 일부일처제에 지금까지 세상에 태어났다 사라져 간 모든 언어들보다도 더 많은 영향을 미친다. 여성에게는 하나의 언어만으로 충분하며, 훌륭한 어머니는 1000명의 박사만큼 가치가 있다.

건강, 품성, 지성은 우리 자신과 삶을 통제하는 데 도움이 되기 때문에 자유로운 개성의 기반을 이룬다. 또한 교육의 일차적인 목표이기도 하다. 하지만 결국 품성이 모든 것이라고 주장했던 괴테도 우리에게 한계는 어디에나 있다고 경고했다. 우리는 좁은 원 안을 빙빙 돌며 살아간다. 그 원을 에워싸고 있는 것은 생물학적, 경제적, 정치적으로 어쩔 수 없는 상황들이며, 그 너머에는 우연한 사고와 계산 불가능한 운명의 영역이 넓게 펼쳐져 있다. 교육은 우리에게 절제의 기술뿐만 아니라 한계도, 그리고 그 한계를 우아하게 받아들이는 법도 가르쳐야 한다. 자연스러운 것이라면 무엇이든 용서받을 수 있다.

그 한계 안에서는 즐거움을 누릴 수 있는 가능성이 평생을 살아도 닳지 않을 만큼 아주 풍부하게 들어 있다. 이 가능성들을 탐구해 보는 법을 우리에게 가르치는 것이 교육의 두 번째 기능이 되어야 한다. 우리 주위에 있는 사람들이 바로 첫 번째 가능성이다. 그중 많은 사람들이 쇠파리처럼 귀찮은 존재가 될 터이니 우리는 자신의 사생활을 내면의 요새로 사랑하는 법을 배우게 될 것이다. 하지만 친구가 될 수 있는 사람도 많고, 개중 몇몇은 연인이 될 수도 있다. 나는 내 아이들이 서로 주고받는 인간관계에 대해, 관용만으로도 다양한 흥미와 견해를 성장시켜 우정을 보존할 수 있다는 점에 대해, 사랑이라는 연약한 식물에 언제나 영양을 공급해 주는 외로움에 대해 배우기를 바란다. 사랑의 기원과 발전에 대해서도 조금 배워서, 사람에게 필수적이지만 때로는 파괴적이기도 한 이 감정을 어느 정도 이해하며 접근하기를 바란다. 나는 느긋한 인간관계 수업을 대략적으로 그리고 있다. 15년 동안 대략 일주일에 한 시간씩 이어지는 이 수업은 누구보다 현명한 사람들, 누구보다 섬세한 과학자들, 누구보다 너그러운 철학자들이 결혼에 대해 한 말을 공부하는 대목에서 정점에 이를 것이다.

주위 사람들 다음으로 우리에게 기쁨과 고통의 근원이 될 수 있는 존재는 바로 자연이다. 나는 우리 아이들이 자연의 아름다움뿐만 아니라 무서움도 인식하고, 투쟁과 고통과 위험과 죽음이 모두 자연스러운 일임을 받아들이기 바란다. 하지만 지상과 하늘에서 사랑스러움이나 숭고함으로 영혼을 움직일 수 있는 모든 것을 섬세하게 인식할 수 있기를 바란다. 젊었을 때 나는 천문학, 식물학, 조류학을 보기 싫은 용어들의 모음집이라며 거부했다. 꽃이나 새나 별의 본질, 그들의 관계, 이름 같은 것을 몰라도 그들의 아름다움을 즐길 수 있다고 생각했기 때문이다. 지금 생각해 보면 내가 틀렸던 것 같다. 지금 우리 아이들도 잘못 생각하고 있는 것 같다. 그 아이들도 나를 닮아서 이 학문들이 사내답지 못하다며 고집스레 거부하고 있기 때문이다. 내가 일찌감치 행성과 항성, 참새와 독수리, 국화와 장미를 구분하는 법을 더 열심히 배워 두었다면 좋을 것. 만약 내가 이 빛나는 것들을 더 자세히 알게 되어서 허물없는 관계가 된다면, 그들의 아름다움을 더 많이 즐길 수 있을 것이다. 그것이 익숙한 것들에게서 얻는 반(半)의식적인 즐거움에 불과하더라도 말이다.

나는 우리 아이들이 자연의 무한한 다양성을 편안히 받아들이기를, 자연의 푸르름과 꽃뿐만 아니라 신비로운 안개와 달콤하게 썩어 가는 것들도 사랑하기를, 바이런처럼 바다를 즐기고 윌리엄 터너처럼 해를 즐기고 제임스 휘슬러처럼 비를 즐기고 존 키츠처럼 나이팅게일을 즐기기를 바란다. 내 아이들의 나이에 따라 자연에 대한 즐거운 수업을 마련해야 할 것 같다. 플레이아데스성단을 알아보는 법에서부터 정원의 식물을 기르는 법에 이르기까지 다양한 내용의 수업이다. 또한 아이들이 위사히콘 크리크를 탐험하고, 애디론댁 산맥에서 야영하고, 한때 영국 시인들을 유토피아의 꿈으로 유혹했던 서스쿼해나강처럼 음악 같은 이름을 지닌 수많은 강과 개울에서 직접 카누를 저어 보게 하고 싶다. 아이들이 스포츠 경기를 즐겁게 구경하는 모습도 반갑겠지만, 경기에 참여하는 모습을 본다면 더욱 기쁠 것이다. 나는 수영, 야구, 축구, 농구 등 그리스와 로마의 모든 변화를 합한 것보다도 더 많은 지성과 품성을 요구하고 발전시켜 주는 활기찬 경기에 학점을 줄 것이다.

아이들에게 굳이 외국어를 권하지는 않을 것 같다. 나는 7년 동안 라틴어와 그리스어를 배우고 4년 동안 가르쳤으며, 2년 동안 이 두 언어 중 하나를 간헐적으로 사용하며 살았다. 어떤 때는 그것이 즐거웠지만, 자유롭지 못한 문장 구사력 때문에 괴로운 시간이 많았다. 그 언어들이 고전 시대의 천재들을 이해하거나 그들의 작품을 즐기는 데 도움이 된 적도 드물었다. 지금 나는 호메로스나 에우리피데스, 베르길리우스나 루크레티우스의 작품들을 새로이 보고 싶을 때 굳이 원전을 찾지 않는다. 내 기억 속에서 원전은 무의미하고 고된 노고와 함께 연상되기 때문이다. 그래서 대신 조지 채프먼이나 길버트 머레이, 윌리엄 모리스와 윌리엄 엘러리 레너드의 번역본을 찾는다. 현대의 외국어들도 교실에서 배우기에는 그리 적합하지 않다. 아무리 끈기 있게 괴로움을 참아 가며 숙독하더라도 책을 통해서는 외국어를 배울 수 없다. 프랑스어를 배우고 싶다면 프랑스인과 함께 살아야 한다. 문법은 그냥 문법학자들에게 맡겨 두면 된다. 문법으로 이득을 보는 사람은 오로지 그들뿐이니까. 라틴어를 알면 영어로 글을 잘 쓸 수 있게 된다고들 한다. 그럴 수도 있지만, 라틴어 학자들의 영어만큼 치명적인 것은 없다. 나라면 낯선 언어를 배우며 영어를 갈고닦기보다는 프랜시스 베이컨과 존 밀턴, 조지프 애디슨과 에드먼드 버크, 에드워드 기번과 토머스 매콜리와 존 뉴먼의 글을 통해 영어를 공부할 것이다. 언어학자들은 학문 연구와 역사를 위해 마땅히 라틴어와 그리스어를 배우고 보존하는 데 힘써야 하지만, 죽은 언어를 교과 과정에서 필수로 지정하는 것은 시대에 뒤떨어진 기술을 필수 과목으로 가르치는 것만큼이나 쓸모없는 일이다. 대부분의 경우 죽은 언어에 알맞은 처우는 하나뿐이다. 파묻어 버리는 것.

그리스와 로마의 언어를 묻어 버린 뒤, 나는 그 언어들의 문법과 어휘라는 말라빠진 **뼈다귀**에 쏟던 시간을 오늘날 그 언어들로 창작된 살아 있는 문학에 쏟을 것이다. 나는 그리스어 독서를 그만둔 뒤에야 비로소 그리스의 천재들이 얼마나 뛰어난지 알 수 있었다. 에우리피데스의 희곡들은 원전으로 읽을 때 지루하기만 했다. 반면 길버트 머레이의 번역본은 비록 의역이 너무 많기는 해도 일종의 계시와도 같았다. 독자들도 『트로이의 여인들』을 한 시간 동안 읽어 보면 나처럼 흥분을 느낄 것이다. 나는 내 학생들에게 그리스어를 권하지 않겠지만, 그리스는 권할 것이다. 자신의 문명을 가늠하고 더욱 반짝이게 만드는 기준으로서 그 풍요로운 문명을 공부하라고 채근할 것이다. 학생들을 꾀어 헤로도토스의 매혹적인 가십, 플루타르크의 생생한 전기들을 읽게 할 것이다. 느긋하고 즐겁게 호메로스를 읽게 하고, 사포와 아나크레온의 시와 잠시 노닐게 할 것이다. 아테네를 위해 법을 제정하는 솔론, 군중을 다스리는 페리클레스, 선동가를 비난하는 데모스테네스, 파르테논의 벽을 조각하는 페이디아스를 지켜보게 할 것이다.

그다음에는 카이사르에게 주의를 돌려 공부해야 한다. 『갈리아 전기(戰記)』의 차갑고 동어 반복적인 산문이 아니라, 카이사르 본인의 생생한 성격과 비극을 연구하는 것이다. 또한 아주 유쾌한 이야기인 베르길리우스의 『아이네이스』에 푹 빠지고, 아서 머피가 번역한 『타키투스』에서 로마 초기 황제들도 만나 보고, 기번의 산문이라는 바다에 빠져서 그와 함께 어두운 마법, 학문적인 섬세함, 중세 시골의 유쾌함, 경건한 학살, 감각적인 시, 이슬람의 장식적인 건축 속으로 들어갈 것이다.

그러면 문학이 우리에게 삶을 즐기는 세 번째 통로를 열어 줄 것이다. 우리는 조지 무어의 『엘로이즈와 아벨라르』와 엘로이즈가 썼다고 알려진 몹시 아름다운 편지들을 읽고, 단테의 즐거운 『지옥』을 노튼이나 캐리와 함께 돌아다니고, 페르시아로 넘어가 피츠제럴드가 옮긴 오마르 하이얌의 감미로운 사행시 속으로 빠져들 것이다. 르네상스에 대해 존 시먼즈가 쓴 유쾌한 책들을 마음대로 훑어보고, 마키아벨리가 체사레 보르자에게 성공적인 마키아벨리식 군주가 되는 법에 대해 말하는 소리에 귀를 기울이고, 벤베누토 첼리니가 들려주는 엄청난 모험 이야기를 듣고, 조르조 바사리*가 레오나르도, 미켈란젤로, 라파엘로에게 플루타르크 역할을 하는 것을 볼 것이다.

몽테뉴와 함께 빙긋 웃고, 라블레와 함께 폭소를 터뜨리

* 1511~1574, 이탈리아의 화가, 건축가, 미술사가. 치마부에로부터 자신에 이르기까지 약 300년간 활동한 미술가와 그들의 작품을 모아 『미술가 열전』이라는 책을 썼다.

고, 돈키호테와 함께 풍차를 박살내고, 셰익스피어와 함께 심장을 쥐어뜯고, 베이컨의 『수상록』으로 재치를 가다듬고, 페르네의 신성한 원숭이*와 함께 말솜씨를 가다듬고, 밀턴의 시 일부와 훌륭한 산문을 읽고, 장자크 루소의 고백을 들을 것이다. 유럽의 낭만주의 시 운동에 기꺼이 휩쓸리고, 바이런과 함께 안달하며 분을 내고, 하이네와 함께 웃고 울고, 셸리와 함께 희망을 품거나 슬퍼하고, 키츠와 함께 세상의 아름다움과 비극을 경험하고, 장 발장과 함께 파리의 하수도를 탐험하고, 사랑스러운 살람보**와 함께 카르타고가 겪은 전쟁의 참상을 보고, 발자크의 북적거리는 세계에 들어가고, 사디스트 플로베르가 자신의 주인공들을 갈기갈기 찢어 버리는 모습을 지켜보고, 베키 샤프,*** 데이비드 코퍼필드,**** 피크위크 클럽의 흥망성쇠를 함께하고, 로버트 브라우닝을 분석하고, 앨프리드 테니슨을 노래할 것이다. 그러고 나서 고향으로 돌아와 월트 휘트먼이 우리를 위해 읊조리는 건강한 노래를 들을 것이다. 소로와 함께 월든 호수에서 연필을 깎고, 에머슨의 음악적인 지혜에 맞춰 살살 몸을 흔들다가 잠이 들

---

* 볼테르를 가리킨다.
** 플로베르의 소설 『살람보』의 주인공.
*** 윌리엄 새커리의 소설 『허영의 시장』의 주인공.
**** 찰스 디킨스의 소설 『데이비드 코퍼필드』의 주인공.

고, 링컨의 편지와 연설을 천천히 읽으면서 그의 심오하고 명석한 정신에 빠져 마침내 미국의 최악과 최고를 알게 될 것이다.

중고등학교와 대학에 다니는 우리의 무력한 소년 소녀들에게 너무 무거운 짐을 지우는 걸까? 하지만 그들이 즐기기 위한 공부를 위해 걸어야 하는 길이 아직 남아 있다. 무엇보다 어려운 길이기도 하다. 아이들에게 스스로 좋아하는 수준 이상으로 예술을 공부하라고 귀찮게 굴 생각은 없다. 예술을 제대로 볼 줄 아는 눈이 없는 사람들에게 아름다움을 낭비할 필요는 없기 때문이다. 하지만 만약 아이들이 그림이나 조각이나 건축이나 음악에 조금이라도 관심을 보인다면, 나는 그들 앞에 모든 기회를 마련해 줄 것이다. 우선 4년 동안 매년 황제 협주곡과 마태 수난곡을 들으라고 하겠다. 그렇게 반복적으로 듣다 보면 이 작품들이 머릿속으로 스며들어서 아이들의 격을 영원히 높여 줄지도 모른다. 나는 또한 누구보다 의욕적인 아이들을 박물관으로 데려가 라파엘로의 「율리우스 2세」나 렘브란트의 랍비 그림 앞에 한동안 조용히 앉아 있으라고 할 것이다. 가능하다면 아이들을 영국까지 데려가서 대영 박물관에서 어머니 여신 데메테르나 페이디아스의 여신들에게 경배하게 하고 싶은 마음도 있다. 샤르트르나 랭스에서 일주일, 그리스에서 일주일, 이탈리아에서 한 달, 그라나다에서 하루를 머무르며 크다고 해서 좋은 것이 아님을 알려 주고 싶기도 하다. 그러면 삶이라는 대양 한가운데나 문명이라는 화산 위에 예술이라는 연약한 요새를 세워 주는, 완벽함에 대한 사랑이라는 불꽃이 아이들의 내면에서 타오르게 될지도 모른다.

우리 아이들이 대학에 들어가면, 인생에 대한 이해로 이어지는 많은 길들이 열릴 것이라고 믿는다. 나폴레옹은 세인트헬레나에서 이렇게 말했다. "내 아들이 역사를 공부하게 하라. 그것만이 진실한 철학이고, 그것만이 진실한 심리학이므로." 심리학은 주로 인간의 행동에 관한 이론이고, 철학은 인간의 행동에 대한 이상을 다룰 때가 너무 많다. 그리고 역사는 가끔 인간의 행동을 기록한다. 역사가들을 모두 무조건 믿을 수는 없다. 가끔 악바르*의 역사가처럼 자신의 영웅들과 얽혀서 그들에게 미덕과 승리를 몰아 주는 경우가 있기 때문이다. 하지만 자신의 시대를 과거에 비추어 볼 수 없는 사람은 교육받았다고 할 수 없고, 정치가가 되기에 적합하다고 할 수도 없다. 모든 젊은이는 고등학교에서 역사의 행렬을 질서 있게 요약하는 작업을 시작해야 한다. 예전처럼 고대 세계의 옛 시절인 그리스와 로마부터 시작하는 것이 아니라, 메

* 인도의 무굴 제국 황제.

소포타미아와 이집트와 크레타부터 시작해야 한다. 문명이 이들 지역에서 그리스와 로마로 흘러들었고, 거기서 다시 북유럽과 우리에게로 흘러왔기 때문이다.

고등학교 2학년 때는 브레스티드의 『고대(*Ancient Times*)』처럼 완벽한 교과서로 고전 문화를 배울 것이고, 부처가 살던 인도와 공자가 살던 중국도 하다못해 잠깐 훔쳐보기라도 해야 할 것이다. 3학년 때는 중세와 르네상스, 코르도바와 바그다드에서 이슬람이 전성기를 누리던 시절, 굽타와 모굴 왕조가 다스리던 인도의 위대한 시대, 당나라 시대에 꽃을 피운 중국의 시와 미술을 공부할 것이다.

대학 1학년 때는 현대 역사 공부를 시작하고, 루터와 레오 10세부터 프랑스 혁명에 이르기까지 풍부한 유럽 문화 중 일부를 자기 것으로 받아들이려고 애쓸 것이다. 2학년 때는 1789년부터 2차 세계대전까지 혁명과 민주주의의 변천사를 쭉 따라가 보고, 3학년 때는 초등학교 때보다 더 나아진 이해력으로 마야와 잉카부터 현재까지 아메리카 대륙의 역사를 다시 살펴볼 것이다. 이것은 역사의 개론에 지나지 않는다. 대학생 수준의 머리로는 투키디데스와 조지 그로트, 테오도어 몸젠과 기번, 볼테르와 프랑수아 기조, 레오폴트 랑케와 쥘 미슐레, 토머스 매콜리와 토머스 칼라일, 찰스와 메리 비어드 같은 사람들의 걸작을 감당하기 힘들다. 하지만 젊은 학생들이 최초의 피라미드부터 최근의 선거에 이르기까지 인간사를 바라볼 수 있는 눈을 얻어, 현재의 이슈들에 대해 더 지적으로 생각하고 움직일 수 있게 될 가능성은 있다.

인생에 대한 이해로 이어지는 두 번째 문은 과학이다. 이제 과학은 정복의 도구가 아니라 외부 세계를 묘사하는 방법으로 여겨진다. 여기에는 천체의 기원과 발달에 대한 온갖 애매한 가설들, 지구의 역사에 대한 지질학자들의 용감한 추측, 생명의 기원과 발달에 대한 온갖 이론들이 속한다. 이런 이론들보다는 들판과 개울과 숲에서 식물과 동물을 직접 연구하는 편이 나을 것이다. 실험실에서 사체를 조금 해부해 보는 방법도 있다. 하지만 인생을 진정으로 이해하고 싶다면 굶주림과 사랑, 불평등과 불안, 경쟁과 협력, 배제와 선택, 파괴와 창조, 유혈과 애정, 평화와 전쟁을 보아야 한다.

철학은 이해로 이어지는 유쾌한 길이다. 플라톤은 이 '소중한 기쁨'을 젊은이에게 허락하지 말아야 한다고 주장했다. 젊은이들은 진실에 대한 욕망은 전혀 없고 오로지 승리에 대한 맹목적인 굶주림만 가지고서 인생의 문제를 논하기 때문이라는 것이다. 젊은이들은 각자 자신의 주장으로 서로를 물어뜯기 때문에 나중에는 진실이 갈기갈기 찢겨 그들의 발치에 떨어지게 된다. 어쩌면 대학 4학년생은 철학사 강의 하나로 만족해야 할지도 모른다. 이 강의는 위대한 인물들을 중점적으로 다루면서, 젊은이들을 위해 지혜를 인간적인 것으로 만들어 주어야 한다.

플라톤의 『국가론』은 이런 강의의 교재로 적절하다. 지금 우리가 겪고 있는 문제들의 역사가 얼마나 오래되었는지, 얼마나 많은 세월 동안 인간의 본성이 철학자와 성인(聖人)의 이상을 엉망으로 망쳐 버렸는지 깨닫게 해 줄 것이다. 학생들이 이렇게 플라톤의 사상이라는, 지금도 싱그러운 풀밭에서 천천히 나아가는 동안 아리스토텔레스, 제논, 에피쿠로스, 루크레티우스, 에픽테투스, 마르쿠스 아우렐리우스, 아퀴나스, 오컴, 데카르트, 스피노자, 베이컨과 홉스, 칸트와 쇼펜하우어, 콩트와 스펜서, 니체와 슈펭글러와도 한동안 팔꿈치를 부딪힐 수 있게 해 주자. 만약 이들의 글이 너무 어렵다면 철학을 연극, 소설, 시로 변환한 최고의 문필가들에게서 지혜를 찾게 하면 된다. 소포클레스, 에우리피데스, 아리스토파네스, 단테, 셰익스피어, 괴테, 토머스 하디, 도스토옙스키, 톨스토이와 친분을 다지게 하는 것이다. 학생이 철학자의 이름만이라도 익혀서 세상에 철학이라는 것이 존재한다는 확신을 얻는 것만으로도 괜찮다. 세월이 흐른 뒤 혹시 차분히 생각에 잠길 여유가 생긴다면, 다시 이 사람들의 이름을 기억해 내서 그들의 글을 정복하고야 말겠다는 의지를 불태우게 될 수도 있기 때문이다. 이제 어른이 된 과거의 학생은 자신이 갖고 있던 모든 믿음이 불안하게 흔들리는 단계를 거쳐 전보다 선명해진 통찰력, 더 겸손해진 포부, 누그러진 의심에 도달할 것이다. 이렇게 탁 트인 곳에 도달하면, 모든 철학은 모색이고 모든 믿음은 하나의 희망에 불과하다는 사실을 알게 될 것이다. 이제 그는 철학이나 믿음과 싸울 생각도, 마음이 정직한 신념을 따라가는 것을 거부할 생각도 없다. 사람들이 품은 모든 꿈에 대한 커다란 공감, 그들의 괴로움에 대한 애정과 이해가 그를 더 넓고 깊은 사람으로 만들어 줄 것이고, 그는 현자들의 평화와 소박함, 관용과 도량을 알게 될 것이다.

교육이 중고등학교나 대학으로 끝날 수 없음은 명백하다. 이런 학교들은 삶을 통제하고, 즐기고, 이해하게 해 줄 광범위한 공부를 위해 도구와 지도를 제공해 줄 뿐이다. 지금까지 나는 여행에 대해 한마디도 하지 않았다. 지나치게 서둘러서 지나치게 다양한 여행을 하면 오히려 피상적인 것만 보고 편견이 굳어질 수 있다. 하지만 낯선 것들을 받아들이겠다는 자세로 타지에 머무른다면, 철학에서 언제나 신기루처럼 사람들을 유혹하는 총체적인 관점을 살짝 맛볼 수 있을지도 모른다. 나는 또한 직업을 위한 기능 교육에 대해서도 언급하지 않았다. 이런 교육을 대학교에서 시작해야 한다고는 생각지 않기 때문이다. 나라면 고등학교와 대학교 수업 기간을 각각 3년으로 하겠다. 그렇게 해서 총 15년 동안의 교육 기간을 인생의 물리적, 도덕적, 문화적 기반을 다지는 시기로 하고, 구체적인 기능 교육은 그 이후의 교육 기관으로 넘기겠다. 내가 죽기 전에 미국 젊은이들 중 절반이 대학을 졸업하고, 그들 중 절반이 그 이후의 기능 교육 기관으로 진학하기를 소망한다.

계속 다양한 발명이 이루어지면서 훈련된 기술자들의 수요는 계속 늘고, 단순히 팔다리만 놀리는 노동자들의 수요는 계속 줄어들 것이다. 새로운 발명 덕분에 그리 멀지 않은 미래에 거의 모든 수동 작업이 기계에 넘어가고, 사람들은 생산에서 기본적으로 두뇌의 역할만 하게 될 거라는 주장을 반박할 이유가 없다. 프롤레타리아는 독재를 하는 대신 사라질 것이다.

내 생각에 유럽 교육은 우리보다 더 철저한 방법으로 우리보다 더 훌륭한 결과물을 내어놓는다. 여기에는 처음부터 일시적인 유행과 겉치레를 차단하는, 더 오래되고 더 안정적인 전통, 소수의 과목에 학습 시간을 집중하는 현명함, 학교에서 남녀를 분리해 성적인 문제로 주의가 산만해지는 것을 막는 정책, 필요한 공부의 양이 우리보다 많고 규율 또한 더 엄격한 것이 각각 부분적으로 영향을 미친다. 우리가 우리 세대에 유럽의 최고 대학들과 경쟁할 수 있는 위치로 올라설 것이라고 기대하면 안 된다. 어디서든 세월이 가장 중요한 요소이기 때문이다. 우리는 평범한 수준인 우리 학교의 졸업생들 중 가장 뛰어난 이들을 골라서 영국, 독일, 프랑스로 보내 교육 방법을 배워 오게 해야 한다. 우리의 장점에 그들의 장점을 덧붙여서 결국 그들을 뛰어넘을 수 있을 것이라는 희망을 품고서.

머뭇거리는 사이에 여러 가지 어려움을 겪고 있기는 하지만, 아메리카 대륙은 역사상 가장 훌륭한 토양을 갖추고 있다. 물리적인 유산으로는 타의 추종을 불허하는 자원이 있고, 사람들은 여전히 활기와 창의력과 재주가 넘친다. 전통, 도서관, 학교에는 많은 대륙과 시대의 문화적 유산이 축적되어 있다. 그 양과 내용이 어찌나 방대한지 혼자서는 1000분의 1도 감당할 수 없을 정도다. 이런 문명의 유산을 활기찬 사람들에게 쏟아붓는 것이 교육의 기능이자 고귀한 운명이다. 그러면 이 땅의 선물들이 예전보다 더 지적으로 이용될 수 있을 것이고, 우리 후손들은 더 널리 퍼질 수 있을 것이며, 우리의 부는 더 훌륭해진 예의와 도덕, 더 심오해진 문학과 더 건강해진 예술로 꽃을 피울 것이다. 교육의 기회와 물질적 가능성이라는 기반이 그 어느 때보다 널찍하게 마련되어 있으니, 우리가 최고와 비견될 수 있고 인류의 유산에 지혜와 아름다움을 어느 정도 추가할 수 있는 사회와 문명을 건설하게 되리라는 점을 나는 의심하지 않는다.

22

역사의 통찰

이제 인류의 역사라는 거대한 실험실이 내가 지금까지 몹시 불완전하게 건드려 본 이슈들에 대해 무슨 말을 하는지 살펴보자. 먼저 수백 년에 걸친 우리의 행동 패턴을 보려면 분절된 조각들이 아니라 역사 전체를 바라보아야 한다. 이런 식으로 역사를 보는 것이 많은 학자들과 전문가들 사이에서 인기 있는 방법이 아니라는 점은 나도 인정하지만, 그래도 계속 나아가자.

헨리 포드는 "역사는 허풍"이라고 말했다. 거의 60년 동안 역사를 쓰고 거의 80년 동안 공부한 사람으로서 나는 세상의 절반이 운전대를 잡게 만든 저 위대한 기술자의 말에 대체로 동의한다. 학교에서 역사를 공부하는 전형적인 방식은 연대와 왕들의 이름, 정치적 상황과 전쟁, 국가의 흥망성쇠를 지루하게 연달아 살피는 것이다. 이런 식의 역사는 참으로 몸을 지치게 하며, 낡아 빠지고 단조롭고 무익하다. 그러니 이런 역사에 매력을 느끼는 학생이 그토록 드문 것도 무리가 아니다. 과거에서 조금이라도 교훈을 배우는 사람이 그토록 드문 것도 무리가 아니다.

하지만 역사를 보는 다른 방법이 있다. 역사를 인류가 미개한 상태에서 문명을 향해 나아가는 과정으로, 즉 인류의 지식과 지혜와 예술과 도덕과 예의와 기술이 지속적으로 향상된 기록으로 보는 것이다. 경제, 종교, 문학, 과학, 정부에 관한 수만 가지 실험이 풍부하게 이루어진 실험실로 보는 방법, 우리의 뿌리이자 빛으로 보는 방법, 우리가 걸어온 길로 보는 방법, 현재를 명확히 밝히고 우리를 미래로 인도해 줄 유일한 빛으로 보는 방법 말이다. 이런 역사는 '허풍'이 아니다. 나폴레옹이 세인트헬레나섬에서 말한 것처럼, 이런 역사만이 "진실한 철학이고, 그것만이 진실한 심리학"이다. 다른 학문들은 우리에게 해도 되는 행동, 또는 마땅히 해야 하는 행동을 가르쳐 줄지 모르지만, 역사는 6000년 동안 우리가 어떻게 행동했는지를 알려 준다. 이 기록을 아는 사람은 미리 커다란 보호책을 마련한 것과 같아서, 자기 시대의 망상과 환멸에 영향받지 않는다. 인간의 본성이 지닌 한계를 알고, 이웃의 잘못과 국가의 불완전함을 침착하게 견딜 수 있기 때문이다. 그런 사람들은 시대와 사람들을 개혁하는 노력에 희망을 품고 동참하지만, 보잘것없는 결과가 나오거나 인류가 6000년 동안 고집스럽게 변하지 않았음을 알게 되더라도 상심하거나 삶에 대한 믿음을 잃어버리지 않는다.

과거가 죽었다고 생각하는 것은 잘못이다. 이미 일어난 일은 대개 현재에 영향을 미친다. 현재는 돌돌 말아서 지금 이 순간에 집중시킨 과거일 뿐이다. 여러분도 여러분의 과거다. 얼굴이 자서전과 같은 효과를 낼 때가 많다. 과거 우리의 모습들이 쌓여서 지금의 우리가 되었기 때문이다. 저 멀리 이미 잊힌 세대에까지 이어진 유전적인 뿌리, 우리에게 영향을 미친 모든 환경 요소, 지금까지 만났던 모든 사람들, 지금까지 읽은 모든 책, 지금까지 경험한 모든 일이 우리의 기억, 몸, 품성, 영혼에 쌓여 있다. 도시, 나라, 종족도 마찬가지다. 그들도 그들의 과거이므로, 과거를 모르고서는 그들을 이해할 수 없다. 죽는 것은 현재이지 과거가 아니다. 지금 이 순간, 우리가 이토록 주의를 기울이고 있는 이 순간은 우리와 눈과 손가락을 스치고 사라져, 우리가 과거라고 부르는 삶의 받침대 겸 기반 속으로 영원히 들어간다. 살아 있는 것은 과거뿐이다.

따라서 나는 지금 세대가 덧없는 현재의 소식들에 쏟는 시간이 너무 많고, 살아 있는 과거에 쏟는 시간이 너무 적다고 생각한다. 우리는 새로운 소식이 목까지 쌓여 질식할 지경이고, 역사에는 굶주렸다. 우리는 오늘이나 어제에 대해 수천 가지 사실들을 알며, 수많은 사람들이 겪은 사건과 고민과 상심에 대해 알게 된다. 10여 개국의 정책과 요구에 대해, 여러 대의와 군대와 스포츠 팀의 승패에 대해서도 알게 된다. 하지만 역사가 없이 어찌 그런 사건들을 이해하고, 의미를 파악하고, 크고 작은 것을 가려내고, 표면의 변화 밑에 자리한 저류를 찾아내고, 미리 결과를 예견해서 치명적인 실수나 터무니없는 희망의 변질을 충분히 방지할 수 있겠는가?

볼링브로크 경은 투키디데스의 말을 인용해서 "역사는 사례를 통해 가르치는 철학"이라고 말했다. 맞는 말이다. 역사는 세상을 공방으로, 인류를 재료로, 기록을 경험으로 사용하는 거대한 실험실이다. 현명한 사람은 타인의 경험에서 교훈을 얻을 수 있지만, 어리석은 자는 자신의 경험에서조차 아무것도 배우지 못한다. 역사는 수많은 세월 동안 헤아릴 수 없이 많은 사람들이 겪은 경험이다. 우리의 시야에 이 움직이는 사진의 입자 일부를 추가한다면, 우리 인생이 몇 배로 풍부해지고 이해력이 두 배로 늘어날 것이다. 나는 이제 인생의 단계들, 우리가 하는 일의 주요 상태들을 순차적으로 살펴보고, 역사가 우리 시대의 이슈들과 관련해서 조금이라도 빛을 던져 주는지 살펴보자고 제안하고 싶다.

우리의 본성

역사는 신생아를 수천만 년에 걸친 세월의 산물로 본다. 이 세월의 대부분에 해당하는 기간 동안 아기는 식량을 얻고 목숨을 지키기 위해 짐승들과 싸우는 사냥꾼이었다. 무기와 도구가 없었다면 그는 짐승들보다 약했을 것이다. 이 기간 동안 인류의 기본적인 본성이 형성되었다. 획득 본능, 욕심, 경쟁심, 폭력으로 이어지는 호전성이 그것이다. 사람은 문명인이 되기 위해 반드시 자기보다 우월한 힘을 지닌 법률 체계를 따라야 한다. 나라 역시 문명국이 되려면 자기보다 우월한 힘을 지닌 국제법 체계를 따라야 한다. 그래서 우리는 어렸을 때 우리에게 많은 영감을 주었던 속박 없는 자유에 대한 아이다운 꿈을 포기해야 한다. 미국과 다른 나라의 대학생들 중에는 아직도 이 꿈에 매혹되어 있는 사람들이 간혹 있다. 우리는 가난이 범죄를 부추긴다는 사실을 인정하지만, 계급과 국가와 연령을 막론하고 범죄의 뿌리는 기본적으로 인류의 무법자 본성에 있음을 인식하고 있다. 이 본성은 100만 년 동안 사냥, 싸움, 살생, 욕심의 세월을 보내며 형성된 것이다.

역사를 보면, 인류의 본성이 고대 문명에서나 현대 문명에서나 기본적으로 같다는 것을 알 수 있다. 가난한 사람과 부자, 급진주의자와 보수주의자, 소외된 민족들과 부유한 나라들도 마찬가지다. 인류의 경험에서 분명한 것이 하나 있다면, 혁명가들 역시 성공한 지 얼마 되지 않아 자신이 무너뜨린 사람들과 똑같은 행동을 하게 된다는 점이다. 로베스피에르는 부르봉 왕가의 흉내를 냈고, 스탈린은 차르의 흉내를 냈다. 따라서 역사는 혁명에 대해 이해할 수 있지만 무익하고 덧없는 반동이라 판단을 내리고 미소 짓는다. 혁명이 정당한 분노의 분출구가 되어 줄 수는 있지만, 기껏해야 표면적인 변화를 낳을 뿐이다. 과거의 낡은 현실은 새로운 이름과 표현을 얻어 살아남는다.

인구

아이는 잠재적인 기쁨이자 당면한 문젯거리다. 질과 양 모두에 위협이 되기 때문이다. 아이는 먹을 것을 달라고 울어 대는데, 지구 전체를 따져 봤을 때 식량 공급량이 출산율과 보조를 맞춘 적은 거의 없다. 대단히 예외적인 몇몇 시대에 사망자가 신생아보다 많을 때가 있었다. 흑사병이 유행한 14세기나 30년 전쟁이 벌어진 17세기가 그런 예다. 하지만 보통은 아이를 낳는 것보다 식량을 생산하는 일이 더 힘들다. 따라서 거의 모든 시대에 인구 증가가 식량 생산량을 뛰어넘었고,

출생과 사망의 균형을 회복해 주는 것은 기근과 전염병과 전쟁이라는 무자비한 맬서스 삼총사였다.

새로운 땅의 발견, 지난 100년 동안 이루어진 농업 기술과 기계의 발전 덕분에 서유럽과 북아메리카는 급속한 인구 증가에도 기근을 피할 수 있었다. 최근에는 품질이 향상된 씨앗과 인공 비료의 보급으로 중국과 인도 역시 급격히 늘어나는 인구를 먹일 수 있게 되었다. 하지만 경작이 가능한 땅의 유한한 생산성과 인류의 고삐 풀린 다산 황홀경의 폭발적인 대결을 과연 얼마나 더 미룰 수 있을까? 벌써부터 굶주린 사람들의 외침이 세계의 안정을 위협한다. 굶어 죽기 직전인 나라와 계급이 있는가 하면, 사치스러운 생활에 빠져 점점 비만해지는 사람들도 있기 때문이다. 미국이 피임 도구들을 인도에 수출하는 것, 국내에서 이 도구들을 합법적으로 필요한 사람들에게 제공해 주는 것을 나는 발전의 증거로 보고 환영한다.

이제 아이가 질적인 위협이라는 말을 살펴보자. 아이를 낳고 기르는 데 적합하지 않은 부모들이 무분별하게 아이를 낳는 것이 문제다. 몇몇 연구들은, 우월한 정신 능력이 부모에게서 아이에게로 유전될 수 있음을 보여 준다. 설사 이것이 아직 불확실하고, 그보다는 우월한 지능이 계산 불가능한 유전자의 도박과 환경이 부여하는 기회와 자극의 산물이라 해도 우리는 무분별한 출산이 교육가의 노고 중 많은 부분을 무위로 돌릴 수 있다는 사실을 똑바로 보아야 한다. 그러니 문자 해독률은 높아져도, 지성이 눈에 띄게 발전하지는 않는다. 그런데 민주주의에는 반드시 다중 지성이라는 기반이 필요하다.

서로마 제국의 멸망 원인으로 보통 외부 야만인들의 침략을 꼽는다. 하지만 혹시 내부에서 야만인들이 늘어난 것이 부분적으로 영향을 미치지는 않았을까? 때로 나는 미국도 비슷한 위험에 처해 있다는 생각이 든다. 과거 세대가 아직 산업과 정치를 이끌고 있지만, 경솔하게 아이를 낳고, 멋대로 생활하고, 법을 무시하고, 미국의 문학, 예술, 음악, 춤을 원시적이고 조잡한 상태로 바꿔 버리는 사람들이 많다. 그리고 그들의 대변인들은 미국 정부의 붕괴를 바라며 기도한다. 문명은 야만이라는 활화산 위에 불안하게 자리 잡은 빈약한 방갈로와 같다.

가족

앞에서 언급했듯이, 19세기까지 가족은 사회의 생물학적 단위이자 도덕적 단위일 뿐만 아니라 경제 단위이기도 했다. 아버지는 밭에서 일하며 아들들을 가르치고 관리했고, 어머니는 수많은 살림의 기술을 딸들에게 가르치며 관리했다. 이처럼 자녀들이 부모에게 의존하며 가르침을 받는 상황이 부모의 권위를 지탱하는 경제적 기반이 되어 주었다. 산업 혁명은 아들들과 딸들을 가정과는 별개의 직장으로 이끌어 냄으로써 이 경제적 기반을 없애 버렸다. 따라서 수천 년 동안 품성을 가다듬고 사회 질서를 유지해 주는 샘이자 요새였던 가정이 경제적 기능과 도덕적 힘을 잃어버렸다. 가정에서 자유로워진 개인은 자유를 우상처럼 섬겼으며, 너무 늦은 뒤에야 자유가 질서의 산물이며 혼돈의 어머니일지도 모른다는 사실을 깨달았다. 그들은 부모가 무지한 과거에 속한다고 무시했으며, 세대 간에 메울 수 없는 간격이 존재한다고 자랑스레 선언했다.

학교

학교는 젊은이들을 훈육하고, 문명의 유산과 과거의 경험을 전달해 주는 임무를 해체되는 가정으로부터 이어받으려고 애썼다. 하지만 지식이 늘어나면서 교사는 분야별로 전문화할 수밖에 없었으므로, 뿌리 없이 흔들리는 젊은이들에게 지식의 조각들을 전달하는 지식의 조각이 되고 말았다. 미국과 프랑스에서 교육은 거의 온전히 지능의 비품이 되었고, 품성을 다듬는 일은 다시 가정과 교회의 손으로 돌아갔다. 하지만 이 두 곳도 점점 힘을 잃고 있었기 때문에, 학생들은 나

날이 지식만 예리하게 성장할 뿐 품성은 점차 느슨해졌다. 지능은 본질적으로 개인주의를 따르므로, 자신을 먼저 생각하며 성숙한 단계에 이르러서야 비로소 집단을 생각한다.

학생들의 반란은 역사 속에서 몇 번이나 일어났다. 13세기 볼로냐에서처럼 학생들이 일부 교수들의 채용, 임금 지급, 해고를 관장한 적도 있었다. 이러한 체제는 볼로냐가 교황령의 일부가 되어 교회가 교수를 임명하게 되면서 끝났다. 대개 학생 반란의 대상은 교사나 커리큘럼이라기보다 시민들이었다. 요즘은 세상과 동떨어진 커리큘럼이 반란의 대상이다.

성난 학생들은 기술 사회에서 성공적으로 살아갈 수 있게 해 주지 못하는 교과 과정, 또는 역사에서 소수 종족의 역할을 무시하는 교과 과정에 분개한다. 교사들이 개인 연구에 빠지는 것에도, 대규모 살상을 일으키거나 피할 수 있는 효과적인 수단을 계속 원하는 군대의 필요 때문에 물리학, 생물학, 화학 연구가 우위를 점하는 것에도 분개한다. 학생들은 처음에는 과학에 경탄하다가, 나중에는 과학이 삶과 산업을 기계화하고 개인과 국가를 지배하는 군산 복합체에 스스로를 팔아 넘긴다며 과학을 불신한다.

걱정스러울 정도로 많은 수의 아이들이 이런 투쟁에 등을 돌리고, 교육뿐만 아니라 문명에서도 아예 떨어져 나가 문명의 혜택과 쾌적함을 거부한다. 정신없이 변화하는 세상에 과

거는 아무 상관이 없다며 거부하고, 어른들의 지혜는 이미
사라져 버린 세상에 맞춰져 있다며 거부한다. 그리고 삶의 책
임감에서 도피하기 위해 마약에 빠지고, 그들을 꾸짖는 우리
는 뿌리 없이 떠도는 아이들이 과연 어떤 사람이 될지 두려
운 마음에 당황해서 아무것도 하지 못한다.

종교

젊은이들을 문명인으로 교육시키는 작업을 한때는 종교
가 맡고 있었다. 시나고그*와 교회는 25세기 동안 내내 십계
명으로 도덕을 가르치면서, 십계명은 하느님이 내려주신 것이
며 언제나 보상과 처벌이 따른다는 말로 십계명의 권위를 강
화했다. 하지만 교회와 시나고그는 사회 질서의 원천으로서
효력을 많이 잃어버렸다. 대도시 성인 인구 중 절반이 초자연
적인 믿음을 버렸기 때문이다.

우리는 그리스 헬레니즘 시대나 로마 제국 시대와 같은 시
대에 접어들었다. 고전적인 종교가 애국심과 도덕을 권장하
는 신조와 의식 단계에서, 시인들에게 어여쁜 전설을 제공하
고 제우스에게 많은 애인들을 제공하는 신화 단계로 넘어갔
기 때문이다. 카이사르는 자신에게 부여된 교황 역할을 하며

---

* 유대교 회당.

웃음을 터뜨렸고, 오비디우스는 신들에 대해 아름다운 글을 썼으면서도 사랑에 대해서는 음탕한 글을 썼다. 사회적 혼란이 고대 사회의 질서를 워낙 크게 위협했기 때문에 콘스탄티누스 황제는 서기 380년에 그리스도교를 국교로 채택했다. 그리스도교가 도덕을 회복시키겠다고 약속한 것이 부분적인 이유였다. 그때부터 다윈 시대까지 국가는 젊은이들에게 도덕을 가르치고, 사회에 질서를 부여하고, 억눌린 자들에게 희망을 주는 역할을 종교에 맡겼다. 지금 우리에게 다시 한번 영감을 주고, 우리 문명에 영혼을 안겨 줄 종교와 믿음은 어디에 있는가?

도덕

지난 100년 동안 경제와 종교 분야에서 일어난 이런 변화들이 지금의 도덕 해체를 낳았다. 새로운 자유가 퍼져 나가면서 성(性)이 오랜 구속에서 풀려났다. 심리학은 모든 금기를 비난하고, 모든 욕망을 정당화하는 듯하다. 문학은 누구보다 솜씨 좋은 사람들의 손에서 포르노그래피의 애인이 되었다.[12] 부의 분배는 과거 죄라고 불리던 것들로 통하는 수많은 문을 열어젖혔다. 사업상의 거래, 광고, 정치, 법조계에서 어

---

12) 예를 들어, 존 업다이크의 소설 『커플(*Couples*)』.

른들 사이의 거짓말이 과거의 가르침을 약화시키고, 새로운 발명은 새로운 도구를 범죄자 손에 들려 주었다. 자동차는 범죄자의 도주를 쉽게 해 주고, 법원의 결정은 유죄 판결을 점점 어렵게 만들었으며, 교도소 내의 관계는 좀도둑을 살인자로 만들었다.

역사상 도덕이 이토록 느슨했던 시대가 있었던가? 있었다. 상업이 부를 일구고, 도시로 인구가 집중되고, 종교가 쇠퇴하던 시대들이 보통 그러했다. 소피스트 헬레니즘 시대의 그리스, 제국 시대의 로마, 르네상스 시대의 이탈리아, 엘리자베스 시대의 영국, 스튜어트 왕가의 왕정복고 시대가 떠오를 것이다. 기원전 390년경에 플라톤이 소크라테스의 입을 빌려 쓴 다음의 글을 보라.

소크라테스: 그런 나라에서는 무정부 상태가 심화되어 개인의 가정까지 스며들며, 나중에는 동물들에게까지 퍼져서 그들을 감염시킵니다. (……) 아버지는 아들들의 수준으로 내려앉는 것에 익숙해지고 (……) 아들은 아버지와 같은 높이가 되는 것에 익숙해져 부모를 두려워할 줄 모르고 염치도 없어집니다. (……) 스승은 학생들을 두려워해서 그들에게 아부하고, 학생들은 스승과 교사를 무시합니다. (……) 젊은 사람이나 늙은 사람이나 똑같습니다. 젊은 사람은 나이 많은 사람들과 같은

높이에서 말이나 행동으로 기꺼이 경쟁하려 합니다. 그리고 나이 많은 사람들은 (……) 젊은이를 흉내 냅니다. 남녀 간의 자유와 평등에 대해서도 잊지 않고 말해야겠죠. (……) 진실로 말과 당나귀도 자유민과 똑같은 권위와 품위를 지니고 함께 걷게 되었습니다. (……) 모든 것이 그저 자유로 터져 버리기 직전입니다. (……)

아데이만토스: 그럼 다음 단계는 무엇입니까?

소크라테스: 무엇이든 지나치게 커지면 반대 방향으로 반동이 일어납니다. (……) 국가 차원이든 개인 차원이든 지나친 자유는 언제나 노예의 생활로 통하는 듯합니다. (……) 그리고 가장 극단적인 형태의 자유에서 가장 지독한 형태의 폭정이 나옵니다.[13)]

플라톤의 의견에 따르면, 역사에서 이교도 시대와 청교도 시대가 서로에 대한 반작용으로 등장할 것임을 예상할 수 있다. 도덕이 느슨했던 헬레니즘 시대와 로마 시대 다음에는, 그리스도교 공동체가 엄격한 도덕을 강조하며 세력을 늘리는 시대가 찾아와 13세기까지 지속되었다. 그다음에는 이탈리아가 상업으로 부를 쌓고 서구 그리스도교 세계 전역에서

---

13) Plato, *The Republic*, 562.

종교적인 수입을 거두어들이면서 르네상스의 재정적인 기반을 제공했다. 그리고 부유함과 더불어 외국과의 접촉이 영향을 미쳐 인본주의자들의 믿음이 느슨해지고, 군주, 백성, 교황의 도덕이 느슨해졌다.

개신교 종교 개혁은 어떤 의미에서 가난한 북부가 다시 이교도화된 부유한 이탈리아에 맞서 일으킨 청교도적 반작용이었다. 원기 왕성한 루터보다는 엄격한 칼뱅과 강박적인 녹스가 그러했다. 하지만 영국에서는 엘리자베스 1세와 제임스 2세 시절에 상업이 세력을 늘려 가면서 사치가 늘어나고 도덕이 느슨해져 낭만적인 시, 고급스러운 연극, 고상한 산문이 폭발하듯 쏟아져 나오는 데 일조했다.

이처럼 이교도적인 분위기가 넘쳐 난 것이 청교도들에게 오히려 힘을 주었고, 그들은 크롬웰을 권좌에 올린 뒤 찰스 1세를 죽음으로 내몰았다. 청교도 정권이 영국을 우울함, 위선, 검열로 뒤덮어 버렸기 때문에, 찰스 2세가 느슨한 도덕과 문학적 파격의 새 시대를 열자 모두들 기뻐했다. 왕정복고 시대는 네덜란드 총독이 불려 와 스튜어트 가문의 마지막 왕을 몰아냈을 때 끝났다. 앤 여왕은 1702년에 다시 도덕을 유행시키고 고전적인 절제를 되살려 낸 문에 부흥기를 열었다. 이 반(半)청교도적인 타협을 방해한 것은 젊은 날 워즈워스의 혁명적인 열정과 낭만적인 재능, 셸리의 시, 바이런의 죽음이었지만 빅토리아 여왕 시대에 이러한 타협이 다시 자리를 찾았다.

빅토리아가 귀족과 빈민에 관해 고민하고 있을 때, 산업 혁명이 영국의 얼굴을 검게 물들여 놓았다. 영국의 상업이 온 바다를 종횡하고, 영국 함대들은 귀족들에게 안전한 세상을 만들어 주었다. 여성은 집에서 해방되어 상점에서 일할 수 있게 되었으며, 섹스는 부모의 속박에서 자유로워졌다. 과학이 번성하고, 종교가 쇠퇴하고, 부가 욕망을 해방시키고, 지금 우리가 살고 있는 새로운 이교의 시대가 시작되었다.

이교의 시대와 청교도 시대가 번갈아 나타나는 역사적 흐름이 계속된다면, 도덕이 느슨한 지금 시대에 이어 도덕적 절제의 시대가 돌아올 것이라고 예상할 수 있다. 이 시대는 낡았거나 새로운 형태의 신념, 권위, 검열의 지배를 받을 것이다. 모든 시대는 그 이전 시대에 대한 반작용이다. 만약 3차 세계대전이 일어나 도시들이 부서지고 생존자들이 다시 농경 생활로 돌아갈 수밖에 없는 상황이 된다면, 과학의 시대가 끝날지도 모른다. 그러면 종교가 위안이 되는 신화와 도덕 규율을 들고 되살아날 것이며, 부모의 권위도 회복될 수 있을 것이다.

일

성장하는 인간은 인생이라는 게임에서 아예 벗어나지 않

는 한 오래지 않아 무책임한 자유를 뒤로하고 일을 위해 자신을 절제하게 된다. 그는 곧 자본주의의 복잡성을 느끼게 될 것이다. 사업, 원료, 연료, 과학, 돈, 인간에 자본주의가 다양한 형태의 뿌리를 깊이 뻗고 있다는 점, 항상 새로워지는 경쟁과 발명에 대응하는 것이 자본주의의 의무라는 점, 국내 시장과 해외 무역을 자본주의의 촉수가 움켜쥐고 있다는 점, 자본주의와 공공의 요구, 노동조합, 법률 사이의 관계가 계속 변화한다는 점 등을 알게 되는 것이다. 그는 탐욕과 천재성, 시행착오를 통해 수 세기 동안 빚어진 섬세한 산물 앞에서 순간적으로 겸허함을 느낄지도 모른다. 반항적인 자신의 세대가 정신과 물질, 자본과 기술로 이루어진 이 거대한 메커니즘을 갈기갈기 찢은 뒤 자신의 꿈과 좀 더 가까운 형태로 조립할 수 있을지 궁금해할 수도 있다.

역사상 존재했던 다른 경제 제도에 비해 미국의 자본주의는 어떠한가? 물론 생산성 면에서는 전례가 없을 만큼 탁월하며, 타의 추종을 불허한다. 자고로 그 어떤 경제 체제도 이처럼 다양하고 풍부한 재화와 서비스, 노동력을 절감해 주는 장치와 도구, 책과 정기 간행물, 생활을 안락하고 즐겁게 해 주는 것들(극장, 음악당, 시장이 거의 모든 가정에 갖추어져 있다.)을 이렇게 쏟아 낸 적이 없다. 여성이 이토록 자유롭고, 아름답고, 학식이 높았던 적도 없었다. 노동 시간이 이토록 짧고 여가 시간이 이토록 길었던 적도, 노동자가 정부에 이토록 많은 영향을 미친 적도, 노동의 대가를 정하는 데 노동계가 이토록 힘을 발휘한 적도 없었다. 이토록 많은 사람들이 이토록 높은 생활 수준을 누린 적도 없었다.

노동자는 단조로운 작업 때문에 무뎌져 있는가? 자본주의 초창기에 열두 시간씩 노동을 하던 시절만큼은 아니다. 아마도 구두장이가 제화용 골에, 양복장이가 바늘에, 양치기가 양 떼에게, 농부가 경운기에, 이삭 줍는 사람이 들판에서 느끼는 감정과 비슷할 것이다.

지금의 미국인들은 조상들보다 덜 행복한가? 나는 그렇지 않다고 생각한다. 가난한 사람들조차 게임을 즐기고, 야구장에서 경기를 구경하고, 쉬는 날에는 캐딜락이나 포드를 몰고 나들이를 나가고, 미국 전역을 자신의 운동장이나 극장으로 삼고 있지 않은가. 지금의 미국인들이 산업화 이전 시대에 비해 더 물질적인가? 중세에는 타고난 계급을 벗어날 수 있는 사람이 거의 없었다.(심지어 자기가 태어난 지역을 벗어날 희망도 거의 없었다.) 그러니 오늘날 대부분의 미국인들에게 자극이 되는 출세의 욕망이 중세 사람들의 마음을 지금만큼 움직이지 못했을지도 모른다.

하지만 중세 유럽에 존 러스킨이나 윌리엄 모리스*의 복제품 같은 사람들만 살았다고 생각하면 안 된다. 고딕 건축가들과 조각가들은 십중팔구 가족을 부양하기 위해 일했을 것이고, 라파엘로가 그린 성모들은 어린 예수뿐만 아니라 라파엘로에게도 양식이 되었을 것이다. 심지어 천국에 대한 희망조차 확실하고 영구적인 보상을 위해 푼돈과 회개를 바치는 장기적인 투자였을지 모른다.

역사가 일, 발명, 생산에 박차를 가하기 위해 이윤 동기 말고 달리 효과적인 대체물을 제시한 적이 있던가? 금전이 아닌 다른 보상들, 즉 상품, 메달, 리본, 칭호 등을 내걸고 작업의 완성을 시도하려는 실험이 여러 차례 실시되었다. 선택된 사람들만 대상으로 했을 때는 이런 실험이 한동안 성공을 거두었지만, 한 사회의 노동자 전체를 대상으로 오랫동안 성공을 거둔 사례는 없었다. 소련은 열정이 넘치던 건국 초기에 이윤동기 대신 공산주의적 헌신을 내세우려고 시도했으나, 아리스토텔레스의 경고처럼 "모든 사람이 모든 것을 소유하고 있을 때는, 모두들 어느 것에도 신경을 쓰지 않는다."라는 사실을 금방 알게 되었다. 따라서 소련은 서로 가치나 숙련도가 다른 노동에 대해 보상에 차이를 두는 체제로 되돌아갔다. 이제는 소련에서도 미국과 마찬가지로 단순노동에 대

* 두 사람 모두 19세기 영국에서 활동했고 당대의 기계 문명에 비판적이었다.

한 보상과 복잡한 노동에 대한 보상 사이에 커다란 격차가 존재한다.

하지만 우리의 짜릿한 자본주의는 위험한 결점을 드러내고 있다. 공기와 물은 물론 심지어 음식마저 오염시키고 있다는 점이 그것이다. 자본주의 때문에 개울과 바다에 사는 물고기들과 공중의 새들이 죽어 가고 있다. 자본주의는 땅속의 광물 자원도 무분별하게 사용하는 중이다. 특히 무엇보다도 부의 반복적인 집중을 유도해서 구매력 감소와 불황을 이끌어 내는 것이 자본주의의 선천적인 특징처럼 보인다. 물론 부는 언제나 위로 거슬러 올라가 정상을 노리는 경향이 있다. 군사적인 정복자, 세습 군주, 고위 성직자, 봉건 영주 등에게 부가 몰리는 것이다. 법률만으로 인간을 평등하게 만들 수는 없다.

이처럼 부가 자연스레 집중되는 현상은 역사에서 몇 번이나 병적이다 못해 거의 암적인 상황으로 이어졌다. 때로는 혁명이라는 파괴적인 수술이 시도되었다. 로마에서 그라쿠스 형제에서 카이사르로 권력이 넘어갈 때, 프랑스에서 오노레 미라보*에서 나폴레옹으로 권력이 넘어갈 때가 그러했다. 정치가들이 이보다는 피를 덜 보는 치료법을 고안해 낸 적도

---

* 프랑스 혁명 초기 삼부회(三部會)의 제3신분 대표로 국민 의회 성립에 힘썼다.

있었다. 기원전 594년 솔론의 입법이나 1933년 프랭클린 루스벨트의 법률이 그런 예다. 고통스럽지만 피는 흐르지 않는 세금 제도를 이용해서 부어오른 종양 같은 부의 집중을 절제해 그중 일부를 복지 제도를 통해 재분배하는 방법도 시행되었다. 하지만 그 과정이 폭력적이었든 평화적이었든 재분배 이후에는 부의 집중이 다시 시작된다. 영리한 사람들이 최고의 발명품, 최고의 대출 제도, 최고의 직장, 최고의 땅, 최고의 주택을 손에 넣기 때문이다. 세월이 흐르면 사회는 예전과 똑같이 불평등해진다. 이런 의미에서 경제사(史)는 사회라는 유기체의 느린 맥박과 같다. 부의 집중과 폭발적인 혁명이 주기적으로 반복되기 때문이다.

따라서 미국, 프랑스, 이탈리아에서 혁명을 외치는 목소리가 다시 일어나는 것은 자연스러운 현상이다. 이것은 소련과 중국에서 일어난 혁명의 메아리일 뿐만 아니라, (뉴욕의 1번로와 5번로처럼) 콧대 높은 부자들과 나란히 살면서 가난의 쓰라림을 느낀 사람들이 내는 항의의 목소리다. 약자가 강자를 넘어뜨릴 수 있게 약자를 조직화하고 싶어 안달하는 대학생들의 불평이기도 하다.

물론 반항은 젊은이들의 타고난 권리다. 자아가 자신을 의식하고 세상에서 자신의 자리를 요구하게 되었다는 표식이다. 우리 세대도 반항적인 슬로건들을 외쳤다. 노동조합을 조직할 권리, 여성의 투표권, 노동자들이 더 높은 임금을 받을 권리, 학교와 대학들이 모든 사람에게 문을 열 권리, 언론 자유의 권리 등이 우리가 외친 것이다. 이런 목표들 중 실현된 것이 얼마나 되는지 생각해 보면 기운이 난다.

하지만 현재 젊은이들의 반란은 그보다 더 깊은 곳까지 파고 들어간다. 그들은 백만장자가 되지 못해서 투덜거리는 것이 아니다. 오히려 물질적인 소유를 경멸한다고 고백하는 젊은이들이 많다.(14세기 영국의 방랑하는 설교자들인 롤라드파, 16세기 독일의 재세례파, 중세 말기의 방랑하는 학자들이 생각난다. 중세의 방랑 학자들은 자유와 반란의 노래는 물론 심지어 자유연애의 노래까지 만들어 불렀다.) 그들이 문제를 제기하는 부분은 우리의 가차 없는 경쟁 체제, 부와 권력에 대한 탐욕, 자원을 차지하려는 야만적인 전쟁, 정부가 국민들에게는 도덕을 설교하면서 정작 자신은 따르지 않는 것 등이다.

성직자의 옷을 입지 않은 설교자들이 종교 개혁 준비에 일조한 것처럼, 지금 우리 시대의 반항아들이 앞으로 수십 년 동안 우리의 이상을 건설적으로 개조할 수 있는 길을 열어 줄지도 모른다. 어른들이 하는 행동을 잘 보아 두었다가 그와는 반대의 행동을 하는 것으로 온 세상 사람들 앞에서 자신을 과시하는 것 외에 이렇다 할 목표가 없어 보이는 추레한 사람들은 일단 옆으로 제쳐 두겠다. 그들은 패배자들이다. 하지만 젊은 학생들이 혁명을 이야기할 때, 나는 그들이 현대 국가의 삼엄한 무기와 자기들의 경무장 보병을 비교한 적이 있는지 궁금해진다. 그리고 그들에게 만약 승리를 거둔다면 혼돈으로 인해 빈곤이 널리 퍼지기 전에 과연 산업과 정부 조직을 다시 정비할 수 있을지 물었을 때도, 그들은 믿음, 희망, 사랑 외에는 다른 답을 내놓지 못한다. 그런데 그들이 말한 믿음, 희망, 사랑의 끝에는 독재가 있다.

민주주의의 이러한 대단원은 역사에서 새로운 것이 아니다. 그리스도가 등장하기 거의 4세기 전에 플라톤은 『국가론』에서 여러 정부 형태가 규칙적으로 반복된다고 정리했다. 혼돈에서 독재 체제와 군주제로, 군주제에서 귀족 정치로, 귀족 정치에서 민주주의로, 민주주의에서 혼돈으로, 혼돈에서 독재 체제와……

민주주의가 혁명적인 혼돈과 전제적인 독재 체제로 급락하는 것을 막는 방법은 내가 아는 한 하나밖에 없다. 산아 제한이 이루어지는 복지 국가. 가난한 사람들 사이에 게으름뱅이들이 많고 지원 제도를 악용하는 사례도 많지만, 대다수 빈민들은 인종 차별과 불리한 환경의 피해자임을 반드시 인식해야 한다. 그리고 모든 사람에게 최소한의 음식, 옷가지, 피임 도구, 거주지, 적절한 교육을 제공할 수 있도록 스스로 세금을 내야 한다. 이것이 소수 집단의 폭력과 전체주의 정권의 무력으로 인해 민주주의뿐만 아니라 어쩌면 문명까지 무너져 버렸을 때의 사회정치적 무질서에 비하면 훨씬 비용을 절약할 수 있는 방법이다.

전쟁

국내 문제를 해결하는 데 장애가 되는 것은 국민들이 누리는 자유와 전 세계의 연료, 원자재, 시장을 이용할 수 있는 방편을 방해하려 드는 외부 세력으로부터 우리를 보호하는 비용이 계속 증가한다는 점이다. 군대는 부처의 불교사상이나 그리스도의 그리스도교 사상을 결코 받아들인 적이 없는 세상에서 필요악임을 이미 스스로 증명했다. 각국 정부들은 십계명, 죽고 싶어 하지 않는 젊은이들, 세금을 꺼리는 어른들 때문에 전쟁에 나설 수 없는 상황이 되어서는 안 된다면서, 지금 느끼는 감정만 생각하지 말고 미래의 결과도 생각해야 한다고 말한다. 장차 우리 손주들이 우리 시대를 돌아보며 무엇을 안타까워할지 누가 알겠는가? 그들의 의견도 감안해야 한다.

그래서 국방부는 공격이나 전복 시도, 현존하는 위험이나 잠재적인 위험으로부터 우리를 보호하기 위해 산업, 과학, 대학, 세금의 절반을 가장 무서운 최신 무기의 개발과 생산에, 그리고 1000만 명의 젊은이들에게 도덕적 가책이나 종교적

망설임 없이 살생하는 법을 가르치는 데에 할애해야 한다고 주장한다.

개인은 자유, 재화, 권력을 갈망하고, 정부는 우리 자신의 욕망이 통제되지 않은 채 몇 배로 늘어나서 무장까지 갖춘 형태다. 전쟁은 국가들 사이의 자연 선택이며, 우리가 아무리 눈물을 흘린다 해도 전쟁을 역사에서 씻어 낼 수는 없을 것이다. 온 세상 사람들과 정부들이 합의나 강요에 의해서 일종의 초국가에 자신의 주권을 넘긴다면 또 모를까. 하지만 그런 경우에도 혁명과 내전이 일어날 것이다. 우리는 TNT 폭탄에서 수소 폭탄으로 기술이 발전하면서 오히려 전쟁이 억지될 것이라는 희망을 한동안 품었다. 하지만 역사는 이렇게 물었다. "활과 화살이 고성능 대포와 치명적인 로켓으로 바뀌면서 전쟁이 줄었는가, 아니면 오히려 더 늘어나고 격렬해졌는가?" 아마 우리 세대에 대학살이 일어나지는 않을 것이다. 하지만 전쟁에 지친 미국인들이 1세기에 걸친 백인 지배와 10년에 걸친 미국의 적대감 및 경멸을 기억하는 8억의 중국인들과 마주쳤을 때, 정치적인 기술로 증오를 극복할 수 있을 것이라고 누가 장담할 수 있을까?

문명의 죽음

이렇게 우리는 마지막 장에 이르렀다. 개인의 죽음이 아니

라, 조만간 닥쳐올 문명의 죽음과 궁극적으로 닥쳐올 인류의
죽음. 모든 생명, 모든 사회, 모든 생물은 일종의 실험체이므
로 반드시 사라져야 한다. 철학자 겸 역사가는 이런 만화경에
자신을 맞추고 절망하지 않는다. 자손들이 자신의 뒤를 이을
것이고, 새로운 문명이 과거의 문명에게서 영양분을 짜낸 뒤
그 자리를 대신할 것을 알기 때문이다. 문명은 종족의 영혼
이 여러 세대에 걸쳐 축적된 것이다. 그래서 죽음을 통해 고
대의 유산에 새로운 젊음을 부여할 수 있다. 생명이라는 열
차에서는 노인이 젊은이에게 자리를 양보한다.

제안

우리의 유산을 후손들에게 물려주기 전에 더 낫게 다듬
을 수 있을까? 여러분은 미국인들의 더 나은 삶을 위해 무엇
을 추천하겠냐고 내게 물을 권리가 있다. 나라면 부모 노릇
을 권리가 아닌 특권으로 만들겠다. 신체적으로도 정신적으
로도 자식을 낳기에 적합하다는 사실을 증명하기 위해 시험
을 치르지도 않은 채 무작정 아이를 낳을 권리는 누구에게도
없다. 이런 시험을 통과한 부모들에게 정부는 합법적인 결혼
생활에서 첫째와 둘째를 낳은 뒤 18년 동안 연금이나 면세
혜택을 주어야 한다. 하지만 셋째부터는 그런 혜택을 주지 않
아도 된다. 피임에 관한 정보와 피임 도구는 모든 부부가 최

소한의 비용으로 구할 수 있어야 한다. 가족의 화합과 부모의 권위를 강화하기 위해서는 부모들이 미성년자인 자녀들에 대해 법적 책임을 지게 하고, 그 자녀들의 소득을 부모가 관리하게 만들어야 한다.

교육은 고등학교 졸업자들이 모두 기술 경제에서 실용적인 일자리를 얻을 수 있게 해 주어야 하지만, 문학, 철학, 역사, 교양 과목 등 인문학 교육도 실용적인 교육만큼 중요하다. 가치관을 이해하고 여가를 영리하게 사용하는 데 이런 교육이 필요하기 때문이다. 해부학, 생리학, 위생학 수업도 학년마다 실시되어야 한다.

고등학교, 단과 대학, 종합 대학의 개혁안들은 모두 잘 정리해서 위원회에 제출해야 하고, 이 위원회에는 각 학급에서 선거로 선출된 대표자들이 투표권을 가진 위원으로 포함되어야 한다. 행정 부서는 학교의 운영 과정에 폭력적으로 끼어든 학생을 내보내야 한다. 학생들과 대중은 대학이 미국에서 가장 훌륭한 기관이며 결코 폭력적인 시위가 일어나지 말아야 할 곳임을 인정하고 대학을 보호해야 한다. 대학과 자유 언론이야말로 독재에 맞서는 가장 강력한 방패이기 때문이다.

민영 방송과 보도 매체의 상업주의와 편파성에 균형을 맞추기 위해서는 정부가 자금을 대고, 대학들이 운영하는 방송사의 설립을 추천한다.

모든 종교 기관은 신학보다 도덕을 설교하고, 황금률과 십계명을 자신의 이상으로 받아들이는 모든 사람을 두 팔 벌려 환영했으면 좋겠다.

도덕, 즉 개인이 집단과 양심적으로 협조하는 법에 대한 교육은 유치원부터 박사 과정에 이르기까지 매주 이루어져야 한다. 고등학교 2, 3학년과 대학 전 학년에서는 상세한 성교육과 더불어 성적인 문란함, 마약, 담배, 술이 초래하는 결과에 대한 교육도 있어야 한다. 또한 고등학교 여학생들에게는 혼외 관계의 신체적, 도덕적, 사회적 결과를 가르쳐야 하고, 모든 청년에게는 자신의 누이가 다른 청년들에게서 대접받기를 바라는 그대로 여성들을 대할 도덕적 의무가 있음을 가르쳐야 한다.

빈곤을 줄이고 교육을 강화하면 범죄가 줄어들 것이다.(하지만 아주 사라지지는 않을 것이다.) 일시적인 정신 이상을 계속 범죄의 핑계로 받아들이면 안 된다. 교도소 대신 확실하게 울타리를 친 국영 농장을 설치하는 것이 좋다. 범죄자의 등급에 따라 각각 별도의 농장에 입소시키고, 범죄자들이 이곳에서 질서 있게 야외 생활을 하면서 유용한 직업 교육을 받고 책임감 있는 시민의 태도를 회복하게 한다.

노조 결성에는 격려를 아끼지 말아야 한다. 노조는 기업가, 상인, 은행가, 군인의 조직화에 맞서 균형을 맞추는 바람직한 세력이기 때문이다. 전국 노동관계 위원회는 노조 가입이나 취직에서 인종이나 종교에 따른 차별을 줄이려고 애써야 하며, 가능하다면 이런 차별의 종식을 목표로 삼는다.

연방 정부와 주 정부는 실업자들을 사회 공익 사업이나 환경 개선 사업에 활용하면 된다.

소비자 연구 기관이 정부에서 풍부한 재정 지원을 받는 부서로 자리 잡아야 한다.

산업 지도자들은 고통스러운 불평등을 인간적으로 완화하는 방안이자, 사회 혼란과 독재를 저비용으로 막아 주는 방안으로서 복지 제도를 환영하고 도와야 한다.

나는 젊은이들에게 혁명을 제 부모와 자식까지 게걸스레 잡아먹는 괴물로 보고 의심해야 한다고 충고하고 싶다. 혁명보다는 덜 매혹적이지만 비용은 덜 드는 것이 바로 지속적인 선전과 점진적인 실행을 통한 개혁이다. 이번 세기에 우리는 이러한 개혁을 통해 경제와 정치 분야에서 수많은 이로운 변화를 일구어 냈다. 서른 살 미만인 사람들은 서른 살 미만인 사람들이 경제, 정치, 도덕에 대해 내놓는 주장들을 절대 믿으면 안 된다.

대학들이 정부를 운영하는 법을 가르치는 대학원을 세워 대학 졸업생들에게 정치적인 행정을 가르치도록 장려해야 하며, 공립 아카데미를 세워 이런 대학원의 졸업생들에게 입법,

행정, 외교를 더 깊이 가르쳐야 한다. 어쩌면 이런 교육을 받은 사람들을 공직자로 선출해야 한다고 유권자들을 설득할 수 있을지도 모른다.

모든 주요 국가들이 불가침 조약과 비파괴 조약을 맺도록 장려해야 한다.

헤이그에 있는 국제 중재 재판소의 관할 구역을 시민과 공직자의 교육 수준이 허락하는 한 가장 빠르게 확대해야 한다.

어쩌면 미국은 이런 변화들을 통해서 전쟁이 일어나야 번성하고 평화 시에는 시들해지는 사람들의 지배에서 풀려날 수 있을지도 모른다.

나 역시 반드시 실천할 것이라고 약속은 할 수 없지만 때가 되어 또는 피할 수 없는 운명으로 죽음이 다가왔을 때 평화로이 받아들일 것을 추천한다. 의사 세 명이 거의 죽음에 가까웠다고 판정한 사람의 목숨을 인위적으로 연장하면 안 된다는 것이 나의 생각이다. 따라서 나는 식물인간이 되는 경우, 내 생애를 짧게 줄이는 데 동의한다.

결론

이 글을 다시 생각해 보면서 나는 우리와 우리 아이들이 직면한 문제, 즉 양이 질을 압도하는 현상, 결혼과 가정의 붕괴, 학교에서 발생하는 인종 무질서, 도덕적 해이, 도시의 절망적인 빈민가, 거리의 범죄, 공직자들의 부패, 급진주의자와 반동주의자들이 모두 민주주의를 의심하는 것, 전쟁의 잔혹함이 우리의 도덕을 부식시키는 것 등을 지나치게 강조했을까 봐 걱정스러웠다. 하지만 이런 문제들이야말로 방송과 신문의 뉴스를 왜곡시키고, 우리 아들딸들의 마음을 움직여 반기를 들게 하고, 우리의 마음을 움직여 우리가 이처럼 쌓이고 쌓인 문제들에 맞설 힘과 용기가 있는지 회의하게 하는 적나라한 현실이다.

우리는 서로를 분명히 이해해야만 이런 문제들에 맞설 수 있다. 나이 많은 우리가 아이들을 참을성 있게 대하고, 아이들이 마구 날뛰더라도 애정을 갖고 그들의 말에 귀를 기울이고, 그들의 거칠고 고집스러운 태도가 의회와 행정부를 자극해 대책을 마련하게 했음을 인정하는 힘을 영혼 속에서 찾아내야 한다. 젊은이들의 말은 꼭 필요한 것이며, 다른 사람들은 누구도 그런 말을 할 수 없다. 어쩌면 이 나라의 활기가 노소 간의 지속적인 긴장에 달려 있는 건지도 모른다. 그래야 혁신과 전통이 서로 만나고, 실험의 열정이 경험의 냉정함과 융합될 테니 말이다.

엮은이 존 리틀(John Little)
작가이자 다큐멘터리 제작자로, 윌 듀런트의 저작물과 개인 서신, 일기, 에세이 일체를 검토하고 사용할 수 있는 권한을 공식적으로 인정받은 유일한 사람이다.

옮긴이 김승욱
성균관대학교 영문학과를 졸업하고 뉴욕 시립대학교에서 공부했다. 《동아일보》문화부 기자로 근무했으며 현재는 전문 번역가로 활동하고 있다. 『먼 북으로 가는 좁은 길』, 『스토너』, 『분노의 포도』, 『2001 스페이스 오디세이』, 『그들』, 『왓샵 가문 연대기』, 『모스트 원티드 맨』 등 다수의 작품을 우리말로 옮겼다.

노년에 대하여

1판 1쇄 펴냄 2018년 7월 31일
1판 3쇄 펴냄 2021년 6월 28일

지은이 윌 듀런트
옮긴이 김승욱
발행인 박근섭, 박상준
펴낸곳 (주)민음사

출판등록 1966. 5. 19. (제16-490호)
주소   서울시 강남구 도산대로1길 62
          강남출판문화센터 5층 (06027)
대표전화 02-515-2000 팩시밀리 02-515-2007
www.minumsa.com

한국어 판 ⓒ (주)민음사, 2018. Printed in Seoul, Korea

ISBN 978-89-374-3791-5 (03100)